百问
知识管理

萧秋水　陈永隆　唐兆希／著

辽宁科学技术出版社
沈　阳

图书在版编目（CIP）数据

百问知识管理 / 萧秋水，陈永隆，唐兆希著. —沈阳：辽宁科学技术出版社，2012.11
ISBN 978-7-5381-7709-1

Ⅰ.①百… Ⅱ.①萧… ②陈… ③唐… Ⅲ.①企业管理—知识管理 Ⅳ.①F270

中国版本图书馆CIP数据核字（2012）第239494号

出版发行：辽宁科学技术出版社
　　　　　（地址：沈阳市和平区十一纬路29号 邮编：110003）
印 刷 者：沈阳市新友印刷有限公司
经 销 者：各地新华书店
幅面尺寸：160mm×230mm
印　　张：11.25
字　　数：160千字
出版时间：2012年11月第1版
印刷时间：2012年11月第1次印刷
责任编辑：王　实
封面设计：颖溢图文
版式设计：于　浪
责任校对：栗　勇

书　　号：ISBN 978-7-5381-7709-1
定　　价：29.80元

联系电话：024—23284370
邮购热线：024—23284502
E-mail:ganluhai@163.com
http://www.lnkj.com.cn

本社法律顾问：陈光律师
咨询电话：13940289230

前言·开心的知识管理

我们为什么要写这本书？

这本书是写给谁看的？

在回答这两个问题之前，先讲一个小故事吧：

山路上，一辆汽车从远处开过来，路边寺庙门旁，一个小和尚高举"回头是岸"的横幅，大喊："施主看这里！" 车里一年轻人隔窗笑骂瞬间飞驰转弯扬长而去。

10秒钟后，碰撞惨叫坠落声传来。

当晚，禅房内，小和尚对住持说："师父，是不是还是直接写'前方桥梁已断'好一些？"

作为本世纪最热门的管理议题之一的知识管理，看上去显得莫测高深，其中涉及的各种概念如"隐性知识"、"显性知识"、"知识螺旋"等，让不懂的人望而生畏，而事实上，知识管理和每个人相关、每个团队相关、每家公司相关，对于整个社会都很重要。

来自台湾的陈永隆老师、福建福州网龙的唐兆希同学、深圳的萧秋水同学，结缘于网络，共行于知识管理道路上。2011年10月，在福州参观完网龙的知识管理后，我们决定共同写一本关于知识管理的书，我们希望它是好看的、好玩的，可以让读者轻松、愉悦地阅读，能够浅显地描述什么是知识管理，怎么做知识管理。

我们不是专家，我们只是跋涉在路上的小学生，孜孜不倦地求索知识管理，也希望尽到KMer（知识管理者）的本分和传播知识管理。对于知识管理的意义，我们笃信不疑，虽然，它并非解救企业所有病症的灵丹妙药，但当世界进入知识经济时代，我们希望能够通过我们及同业诸君的共同努力，让更多的企业、更多的人从知识管理中受益。

这本书，是写给对知识管理有兴趣，但尚未充分了解的人看的，这些人，可能是企业的创始人、高管，也可能是中层管理者，或者是员工，他们听说过知识管理这个名词，但是不知道知识管理和自己的企业有什么关系，还有一些人，他们对知识管理有所了解，非常渴望在自己的企业里推行，但又不知道如何去推动和引发企业高层或同事关注与重视知识管理。

这是一本普及知识管理的入门书，我们尽量写得浅显，尽量放低门槛。我们采取了一问一答的形式，为此专门收集了比较典型的145个问题，当然，对于不同的企业来说，145问当然不能囊括所有的疑问，因此我们开设了"龙门阵"微群（http://q.weibo.com/403778）和读者进行互动交流。我们期待着更多、更新的问题，除了我们三位作者外，我们还会邀请更多的知识管理专家，一起来摆这个知识龙门阵，回答读者的问题，共同探讨企业知识管理的发展之途。

在这个意义上说，读者所拥有的，不仅仅是一本书，它还是一个通道，也是一个平台。在本书的附录部分，我们特意搜集了最具代表性的知识管理书籍、知识管理专家、知识管理网站、知识库和知识管理期刊等资料。我们衷心希望，所有对知识管理有兴趣的人，请你们相信：吾道不孤。这不是一条寂寞独行的路，知识管理的队伍，必将越来越壮大，会有越来越多的企业重视知识管理，会有越来越多的KMer加入。

是的，从事管理，好像是艰苦的，因为我们要不断地"上下而求索"，但也是开心的，因为它值得我们如此付出执着。

开心的知识管理，不仅仅意味着是快乐的工作，同时，更是一次"开启心智"的人生之旅。也许，当你真正地了解了知识管理，你会明白它的魔力何在，如同我们仰望浩瀚天宇和灿灿群星的时候，你会看到一扇崭新的门，在自己的眼前洞开。

内容简介

知识经济时代已经来临，不管是知识密集型企业，还是资本密集型企业，甚至连劳动密集型的制造企业，都在向"智造"转型。知识的创造、传播、共享和利用，是企业保持持续竞争优势的关键。与工业社会不同，知识社会的生产手段不再是机器，而是人的头脑和双手，唯有掌握知识管理的要领，方可称雄未来！

本书根据精心收集和归纳出的企业知识管理中典型的145个问题，结合企业知识管理规划和实施的不同阶段，做出中肯、实用的解答，澄清企业对知识管理的疑虑，给出清晰的指引，以浅显易懂的笔触，破除企业对知识管理的神秘感和畏难情绪，让知识管理与企业业务融合一起，使知识管理切实为企业发展发挥作用。

本书的追求：内容上深入企业实践，实事求是、脚踏实地与阅读体验上简单、简易、简洁，力求通过幽默的语言和文字，去术语化、图表化的叙述手法，达到既好用又好看的目的。

作者介绍

萧秋水 本名李艳萍，毕业于旅游经济系涉外饭店管理专业，从事过8年的银行信贷工作，转战IT行业，先后做过ERP实施，产品经理，知识管理，互联网社区运营、投资等。2007中国知识管理人物。现为自由职业者。

著有《名博是怎样炼成的》、《超越对手：大项目售前售后的30种实用技巧》

微博：http://weibo.com/xiaoqiushui

陈永隆 来自宝岛台湾，管理学博士，一位横跨工程、资讯与管理的跨领域实践者，华人地区虚拟团队组织与运作先锋，台湾《管理》杂志2001—2010年华语500大企管讲师，也是台湾交通大学、台湾科技大学、世新大学、实践大学等校的兼任教授。时代光华《轻松搞懂知识管理》光盘主讲人。2010中国知识管理人物、2008台湾金书奖得主。

微博：http://weibo.com/gogospeaker

唐兆希 网龙公司开心教练，天渔教育创始人，2011年"亚洲最受尊敬的知识型组织奖"（MAKEA）获得者，2011首届"中国知识管理实践新星奖"获得者。知识管理领域永远的小学生……

微博：http://weibo.com/fishingtao
交流微群：龙门阵 http://q.weibo.com/403778

目 录

第一阶段 准备期

第二阶段 导入期

第三阶段 应用期

第四阶段 扩散期

第五阶段 创新期

附　录

第一阶段
准备期

◎ 认识知识管理
◎ 诊断、访谈、知识盘点
◎ 知识管理规划
◎ 项目团队组建

一、认识知识管理

1. 什么是知识?

知识管理,顾名思义,管的是知识。

那么,什么是知识?

在《中国大百科全书·教育》中"知识"条目是这样表述的:

"所谓知识,就它反映的内容而言,是客观事物的属性与联系的反映,是客观世界在人脑中的主观映象。就它的反映活动形式而言,有时表现为主体对事物的感性知觉或表象,属于感性知识,有时表现为关于事物的概念或规律,属于理性知识。"

彼得·德鲁克

"知识是一种能够改变某些人或某些事物的信息。这既包括使信息成为行动的基础的方式,也包括通过对信息的运用使某个个体(或机构)有能力进行改变或进行更有效的行为的方式。"

托马斯·H·达文波特

"知识起源于智者的思想,它是一种流动性的综合体,包括结构化的经验、价值以及经过该符号化的信息等,知识不仅存在于文件(系统)中,也蕴含在日常工作、过程、规范中,专家独特的见解、新经验的评估、整合等也都蕴含在知识的范围之中。"

2. 知识有哪些分类?

经济合作与发展组织(OECD)1996年年度报告《以知识为基础的经

济》中对知识做出了4大分类：

（1）知道是什么的知识（Know-what），是指关于事实方面的知识。如纽约有多少人口？

（2）知道为什么的知识（Know-why），是指自然原理和规律方面的知识。

（3）知道怎么做的知识（Know-how），是指对某些事物的技能和能力。

（4）知道是谁的知识（Know－who），涉及谁知道和谁知道如何做某些事的信息。它包含了特定社会关系的形成，这就有可能接触有关专家并有效地利用他们的知识。

这4个分类，一直沿用至今，不过，除了上述四类知识外，现在普遍认为，还有如下两类知识：

关于时间的知识（Know-when），是指在什么时间做什么事情的知识。

关于地点的知识（Know-where），是指和地点相关的知识。

另外还有两个重要的知识分类，是知识管理从业者必须要掌握的，即日本知识管理学家野中郁次郎和竹内弘高创建的SECI模型中的两个知识分类（见图1）：

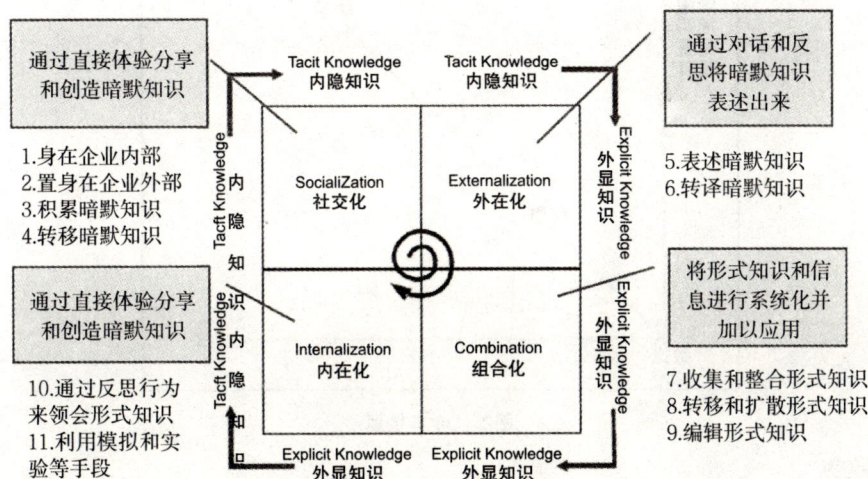

图1 野中郁次郎和竹内弘高的SECI模型

来源：野中郁次郎和竹内弘高《创造知识的企业》

隐性知识（Tacit Knowledge）包括信仰、隐喻、直觉、思维模式和所谓的"诀窍"，往往是个人或组织经过长期积累而拥有的知识，比如个人或组织的经验、创意等，高度个性化，通常不容易表达、不容易被他人理解和掌握，因而传播起来具有一定的难度。但隐性知识比显性知识更加完善，虽然它难以发掘，是"冰山的一角"，但是它却是社会财富的主要源泉，充分挖掘和利用隐性知识将极大地提高组织的创造力和应变能力。

显性知识（Explicit Knowledge）则可以用规范化和系统化的语言进行传播，又称为可文本化的知识。显性知识既可以存在于书本中，也可以存在于计算机数据库及CD-ROM中。其特点是可以被表达，有物质载体，可确知。

3. 数据、信息、知识、智慧是什么关系?

先来看一个DIKW模型吧（见图2）。

其中DIKW分别是数据（Data）、信息（Information）、知识（Knowledge）、智慧（Wisdom）的首字母。

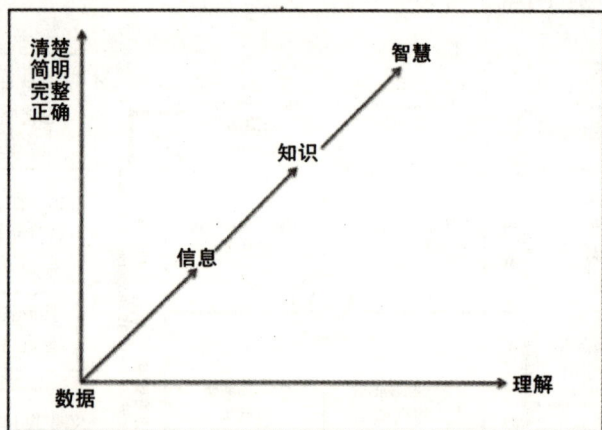

图2　DIKW模型

数据（Data）是未经组织的数字、文字、图像、符号等，它直接来源于事实，可以通过原始的观察或度量来获得。数据通常仅仅代表数据本身，并不包含任何潜在的意义，也许可以说，数据是孤独的。

　　信息（Information），当通过某种方式组织和处理数据，分析数据间的关系时，数据就有了意义，这就是信息（Information）。这些信息可以回答一些简单的问题，比如：谁？什么？哪里？什么时候？也许可以说，信息是拉帮结伙的数据。

　　知识（Knowledge）是信息的集合，是有用、有意义的信息，是对信息判断和确认的过程，这个过程结合了经验、上下文、诠释和反省。也许可以说，知识是派上用场的信息帮，比如电影《功夫》里的斧头帮。

　　智慧（Wisdom），可以简单归纳为作正确判断和决定的能力，包括对知识的最佳使用。智慧可以回答"为什么"的问题。智慧是判断是非、对错和好坏的过程，智慧关注未来，试图理解过去未曾理解的东西，过去未做过的事，智慧是人类所特有的，是唯一不能用工具实现的。《黑客帝国》里机器们那么强大，但没办法拥有人类的智慧，人工智能还是人工智能，不是真正的智能。

　　随着数据向信息、知识和智慧的发展，理解（Understanding）的深度在不断增加，而"清楚、简明、完整、正确"的程度也在不断增加。

　　区分清楚这四者，就会增强自己的知识鉴别能力。进入知识经济时代，有时候，人世间最痛苦的事，莫过于"我们淹没在信息的海洋中，却找不到知识"。

4. 什么是知识管理？

　　和知识一样，知识管理目前存在很多定义。

　　比如：

　　安达信公司将知识管理表达为公式：$KM=(P+K)^S$。P是组织成员（People），K是指组织知识（Organization Knowledge），"+"是指信息技术（Technology），S是分享（Share）。这个公式所要表达的是"组织知识的累计，必须通过将人与技术充分结合，而在分享的组织文化下达到乘数的效果"。

　　台湾中山大学教授林东清认为，知识管理是组织为了提高生存能力和竞争优势，对于存在于组织内外部的个人、群组或团体内有价值的知识，进行有系统的定义、获取、存储、分享、转移、利用和评估工作。

道化学公司的全球主管Gordon Petrash认为，知识管理就是"在正确的时间将正确的知识送给正确的人，使他们能做出更好的决策"。该定义强调知识管理工作的理想目标。

Lotus公司：知识管理是系统地利用信息内容和专家技能，改进企业的创新能力、快速响应能力，提高生产效率和技能素质。其中，"信息内容"指的是存在于信息系统中的知识；"专家技能"指的是存在于员工头脑中的知识和经验；"利用"表示知识已经确实存在，所做的工作是发现和利用这些知识；"系统性"表明知识管理是一个信息系统的综合实施过程，是通过网络和信息技术实现知识利用的流程。

美国生产力和质量中心（APQC）认为，知识管理应该是组织一种有意识采取的战略，它保证能够在最需要的时间将最需要的知识传送给最需要的人。这样可以帮助人们共享信息，并进而将之通过不同的方式付诸实践，最终达到提高组织业绩的目的。

蓝凌知识管理则推出了自己的成熟度模型"KM3"：

知识管理成熟度模型是蓝凌为企业或组织提供知识管理咨询时的一个核心诊断工具，它的英文全称为Knowledge Management Maturity Model（简称为KMMM），可简称为"KM3"或"KM立方"。

KM3的依据和基础是蓝凌提出的"知识之轮"理论，即任何组织中的知识都符合知识"沉淀"、"共享"、"学习"、"应用"、"创新"等运转环节，这些知识运转环节组合成一个螺旋上升的闭环，我们即称之为"知识之轮"。做知识管理就是要找到驱动知识之轮的法则，一般企业都需要通过"技术"、"管理"、"文化"三个方面来保障"知识之轮"的高速运转。

根据"知识之轮"，从知识运转的"沉淀"、"共享"、"学习"、"应用"、"创新"环节及"技术"、"管理"、"文化"三要素入手，通过这两个维度来分析企业的知识管理水平，根据企业现实状态来衡量达到哪一个级别。

而中国国家标准化管理委员会发布的知识管理定义是：

知识管理（Knowledge Management）是对知识、知识创造过程和知识的应用进行规划和管理的活动。

我们认为，并不需要太纠缠于知识管理的定义本身，可以根据自己企业的情况，从参考定义中，选择适合自己企业的，自始至终使用，方便知识管理项目的推动。

比如金蝶软件国际集团有限公司选择的定义是：

$KM=(P+K)^S$。P是人（People），K是指知识（Knowledge），"+"是指信息技术（Technology），S是分享（Share）。知识管理就是通过人与技术的充分结合，并在分享的文化下，将组织内外部的知识进行系统的沉淀、共享、学习、应用和创新，从而提升组织的核心竞争力。

5. 组织推动知识管理有哪些具体效益？

从发展阶段来说，知识管理在经历了概念阶段、试水阶段后，目前已经进入了规模化应用阶段，越来越多实施了知识管理的企业，已经体验到知识管理带来的好处。

成功地管理企业知识的公司，给投资者带来了丰厚的收益（见表1）。

2011年赢得"全球最受尊敬的知识型组织"大奖的各企业，其在纽约证券交易所/纳斯达克（NYSE/NASDAQ）交易显示，2001—2010十年期间的股东总回报（TRS）为21%，超过财富500强公司中位数平均值的3倍；收入回报率（ROR）是11.9%，是财富500强 ROR 中位数的2.1倍；资产收益率（ROA）是9.9%，是财富500强 ROA 中位数的2.3倍。

简单地讲，知识管理可以给企业带来如下好处：

◇有助于企业作出更佳的决策；

◇对外在环境变化的应变更快；

◇对顾客需求的掌握度更高；

◇提升员工的工作技能；

◇增加组织的生产力；

◇增加组织的获利能力；

◇分享员工彼此的成功经验。

细分到企业的战略、战术、运作层面，可以从下表中看出知识管理的作用。通过知识管理，可以使知识管理融入到企业的各个层面，优化企业价值形成过程，最终达到企业不断进化的目的。

表1　知识管理对于优化企业经营的能动作用

战略层面			
基于知识管理，规划企业战略	基于知识管理，创造新产品和市场	通过挖掘和创新知识而改变业务方向	创建知识联盟，实现知识拓展和扩张
战术层面			
通过知识管理，优化知识的创建、获取、分享及使用的效果	通过知识管理，监控知识创建、获取、分享及使用的过程	通过知识管理，使合理的知识政策落到实处	通过知识管理，为相关的知识创新活动提供资源支持
动作层面			
通过知识管理，更好地了解知识应用状况	通过知识管理，强化员工的培训和教育	通过知识管理，在研发活动中更好地分享知识	通过知识管理，形成有效的专家网络和提供在线的咨询帮助

来源：企业资源管理研究中心AMT

6. 怎么衡量知识管理的长期效益成果？

知识管理，通常很难在短期内见效，对经济价值，不容易做出直接贡献，虽然知识管理在树立或者创新了价值观、培养人才、知识积累等方面都有显著效果，但对注重短期见效的企业来说，可能知识管理推动较难。

对企业来说，也许，重要的不是指标，而是认同。知识和能力、学习与成长是一个企业的基础，这个基础往往是埋在地底下的，往往是看不见的，但如同建筑高楼的地基，又是必不可少的。当企业对此有正确的认识，知识管理的推动可以长期持续，并在最终显现出辉煌的战果。

实施知识管理，有必要透彻地了解知识管理的可量化的有形效益和较难量化的无形效益，在效果评估方面，既有定量指标，也有定性指标。让指标成为有用的杠杆而不是限制（见表2）。

表2　知识管理有形效益和无形效益列表

知识管理可量化的有形效益	知识管理较难量化的无形效益
1.节约作业成本↓13%	1.提升员工的判断决策能力↑
2.提升作业能力↑20%	2.快速获取有用知识和专家支持↑
3.缩短产品上市时间↓23%	3.员工更充分地交流创新↑
4.加快顾客询问响应↑25%	4.更加注重学习的氛围↑
5.缩短项目周期↓20%	5.组织的整体应变能力提升↑
6.避免人员流动造成断档↓50%	6.知识管理理念深入人心↑

续表

知识管理可量化的有形效益	知识管理较难量化的无形效益
7.员工培训成本降低↓35%	7.组织运行流程结构化↑
8.提高销售方案响应速度↑50%	
9.知识库人均使用率↑56%	
10.知识库总存量↑80%	

来源：KMPRO知识管理实施手册

7. 谁是知识管理的受益者？

站在不同层面上，组织、知识管理部门、业务部门负责人、所有员工都是受益者。

员工高绩效的一个关键动因就是员工所掌握的知识，这个知识包括了"Know-what"与"Know-how"。这些知识有一部分是已经公开的可以通过阅读获得的，另外一部分是隐性的，需要通过类似于"师徒制"这样的方式来学习。

知识管理向每一个员工提供了这样的两类知识，帮助他们通过学习获得能够提升绩效的技能。

8. 什么样的企业适合做知识管理？

有人认为，只有知识型和创意型组织适合做知识管理；有人认为，在知识经济时代，任何一种企业都适合做；也有人认为，只有大企业或盈利的企业才应该考虑做知识管理。

知识管理是隐形冠军，是高绩效背后的默默贡献者。不论企业是否意识到了，或者有没有这样的一个专门负责人，其实企业已经在做知识管理了。哪怕一堂小小的新员工培训课，都包含了组织应该传递的知识。不同的只是在规模、正式程度、深度上有差异而已。

有人认为，传统企业如制造业和知识型企业不同，不需要知识管理，其实，在制造企业里，也有很多知识型环节，如发展愿景与战略、设计与开发产品及服务、市场营销与销售、客户关系管理、人力资源管理等，知识管理对他们一样重要。在知识时代，"每个行业都是知识产业"。

知识经济时代，没有多少企业和知识无关，只有轻重程度之分。凡是动脑力或有动脑力部分业务的企业、有思考的企业、需要学习的企业，不论规模大小，都适合做知识管理。

不过，虽然所有企业都适合做知识管理，但要讲究"适合的时机"，当企业高层对知识管理还没有渴求的意识，单凭企业几位基层员工的力量，想推动知识管理是很难的。

9. 推动知识管理是从上到下好，还是从下到上好?

推动知识管理的方式并没有一定的准则。

大部分企业推动知识管理时以从上到下（Top-down）的居多，例如连续多年获评全球最受尊敬的知识型组织大奖（The Global Most Admired Knowledge Enterprise，简称MAKE）的巴克曼实验室的前总裁Robert H. Buckman就曾谈到："我要推动知识管理，是因为我想打破员工认为藏私可以增加竞争力这样的错误观念。"

也有部分企业是以从下到上（Bottom-up）的方式推动知识管理，也就是由员工自动自发。例如HP的主管就曾很自豪地说："我们在推动知识管理时，并没有设首席知识官，所有的员工都秉持着惠普文化来力行知识管理。"

就大陆和台湾企业实务来说，推动知识管理的最关键成功因素，仍然是高级管理人员尤其是一把手的支持与肯定，由上而下地展开，可以增加执行的效率，并避免半途而废。说白了，知识管理也是"一把手工程"，所以比较适合的方式是"从上到下"。

10. 领导对知识管理不太了解，怎么说服领导重视?

想说服，要看企业的性质、规模等各种条件，并没有一定的法则。

要说服一个商业企业导入知识管理的重要理由可以是："知识管理可以让企业获利，可以让企业提高竞争力。"商业的本质是赚钱，发展就是硬道理。

但对于非营利组织来说，获利并不是最终的营运目标，因此可以试着从"提高组织竞争力及个人能力"着眼，让组织和员工能认识到，知识能随着彼此的分享而带来利益，帮助组织更好地开展工作。这样，才有可能让知识管理的导入顺畅成功。

以下一些小技巧可以利用：

◎ 找出国内外的类似组织成功案例，这些成功案例是很好的指针，说明知识管理能解决组织目前遭遇的瓶颈。

◎ 直接报告领导，类似组织或竞争对手（尤其是竞争对手，嘿嘿，我们都懂得竞争对手的作用）已经利用知识管理做到相当程度。顶级的组织是先看到未来的趋势就在布局，落后的组织是看到别人做了才做，永远都是在等人家，为了在未来成为顶级的组织，可以先用这招去做有效的刺激。

◎ 要有长期的规划，未来三年每一年要怎么走？会得到哪些具体成效？如果自己都没有准备，那领导更不容易被说服。说服领导前自己要做大量的功课，好处是即使说服不成功，你也成了专家。

◎ 邀请外面的专家学者到组织内部演讲，先了解谁的理念比较符合领导期待，借外部专家来表达自己的意见，所谓"外来的和尚好念经"，就是这个道理。

◎ 鼓动领导参加外面的知识管理交流，比如蓝凌每年都会举办的知识管理高峰论坛，这种论坛由于有很多企业中高层参加，容易使企业高层间进行知识管理现状和实施情况的交流，本身就是很好的了解外界信息的渠道。与外界的广泛接触，往往会推动企业的内部变化。

11. 怎么对同事说清楚知识管理的好处？

知识管理的效益不能只有项目推动小组与相关主管人员知道，广大员工的参与意愿和投入，也是关键成功因素之一。所以必须把知识管理对同事们的好处说出来，让同事有参与的积极性。

◎ 推动知识管理时，可以规划举办正式的启动会议、全员培训教育等，让大家都有共同的语言并累积共识。培训教育不要只限于知识管理，应该关注同事们需要的知识和技能，从侧面让同事们了解知识管理的作用。营销最忌讳过度，如果因为密集培训而引发了同事们的反感，那就是过犹不及了。

◎ 适时举办成果发表会等活动，让同事们明确看到推动知识管理的成效，激励同事们持续投入。

◎ 举办一些非正式的沙龙，比如茶会，交流的范围可以不局限于工作层面，凡是有益于员工成长的主题，都可以进行，交流的形式也不要限于公司环境，可以到咖啡厅、茶馆，边吃边分享。员工在轻松愉悦的氛围里，吸收知识，也加强对其他同事的了解，凝聚企业的向心力。

◎ 发掘同事中的积极分子，树立优秀典型，让他们成为其他同事学习的榜样，激励更多的人参与进来，在企业内形成热火朝天的气氛。

有时候，一个幽默的小故事，会让人在大笑之余，明白某些道理。

【知识改变命运】

@徐瑞坤：朋友帮一姑娘介绍男朋友，女方家里条件不好但是外貌蛮好，男方家境殷实自己开公司，得知情况后安排两人相亲，事后男的蛮中意的，问女方，女方不同意，说男的家境不错为什么开奇瑞，朋友有点不乐意，就没再撮合。事后告诉我，人家开的是Infiniti。

12. 知识管理和流程管理的关系是什么？

知识管理是流程管理的基础，流程是靠知识不断优化的，流程是知识的载体，流程管理和知识管理并不是对立冲突的，而是可以互相结合的，或者说，是必须互相结合的。

流程就是知识应用，知识应用就是流程。这样说绝对了点，但是对于多数的企业来说，确实不能导入太多的管理手段，要围绕核心的东西

图3　流程宣传画

来源：天渔教育

不断用各种手段去改善与加强，而流程就是核心。让流程变得更有智慧，这是流程与知识结合的最佳黏合剂（见图3）。

很多企业的知识管理之所以坚持不下去，就是因为知识管理和流程管理两层皮，员工一边要完成各种工作流程，一边又要在知识库或其他知识平台里上传知识，形成了重复的工作，如果在进行流程的过程中，就已经完成了知识的使用和输出、存储，知识管理的推行当然会更加顺畅，会受到员工的衷心喜爱。

【成功范例】

网龙网络流程管理项目"活力ESOP（流程智动化）项目"属于网龙战略级项目，得到高管的大力支持，并由知识管理部ESOP小组对项目成果负责。项目由知识管理部ESOP小组、项目管理部、应用软件开发部、游戏工具开发部联合组成，公司300多个部门业务骨干全程参与。ESOP的使命是：把人从简单重复的工作中解放出来，让人有更多的时间去做更有创造性的工作。

从引入流程概念到2010年7月为止，公司沉淀SOP1073个，其中智动化数已接近60%，ESOP项目分为4个阶段：流程引入和探索阶段、部门流程现状盘点阶段、固化阶段（缺失流程找寻推进以及E化推动）、优化阶段。

网龙网络通过该项目，借用支架理论，在公司范围内建立了一套完整的工作流程监控管理机制，实现办公电子化，提高了工作效率，有效降低成本，推进管理工作的制度化、标准化和规范化。成果有：

（1）固化企业流程1073个；

（2）优化流程；

（3）实现生产及行政支持流程智动化（近600个）；

（4）实现团队合作；

（5）向知识型企业转变；

（6）运转效率提升；

（7）业务提升：①实现生产任务指令的规范；②产量提高；③实现岗位角色管理的规范化，变身份管理为岗位管理；④解决工作绩效考核不够到位的问题。

网龙流程知识化的特殊还在于：为了避免流程"僵化"，网龙参照食品领域"保持期"和"保鲜期"的概念，把流程上线后的三个月定义为"保鲜期"，流程负责人需要提出意见和建议，上线后的六个月内，进入"保质期",业务沟通人需要定期对流程做优化,六个月后,则必须对流程进行调整和完善。

13. 知识管理和企业资源计划的关系是什么?

许多人喜欢问,知识管理包含ERP?还是ERP包含知识管理?

ERP也好知识管理也好,都是一种管理工具,如果不从它们的目的、管理对象和管理手段来认识它们的相同点与不同点,是很难看清楚它们的关系的。

在企业实施ERP的过程中,把所有的生产流程、营销经验、研发成果等有价值的文档或知识资本都存入知识管理系统中,这种情况就属于知识管理包含ERP的概念。

另一种情况也存在,就是在知识管理项目实施过程中,以知识管理的存储、分享策略,把企业工作流程的产出或成果数字化后,存进ERP系统中去,这种情况属于ERP包含知识管理。

在IBM的信息布局图(见图4)中,属于知识管理包含ERP概念。不论是对上游供货商的SCM(Supply Chain Management,供应链管理)、企业内部的ERP或是对顾客销售服务的CRM(Customer Relationship

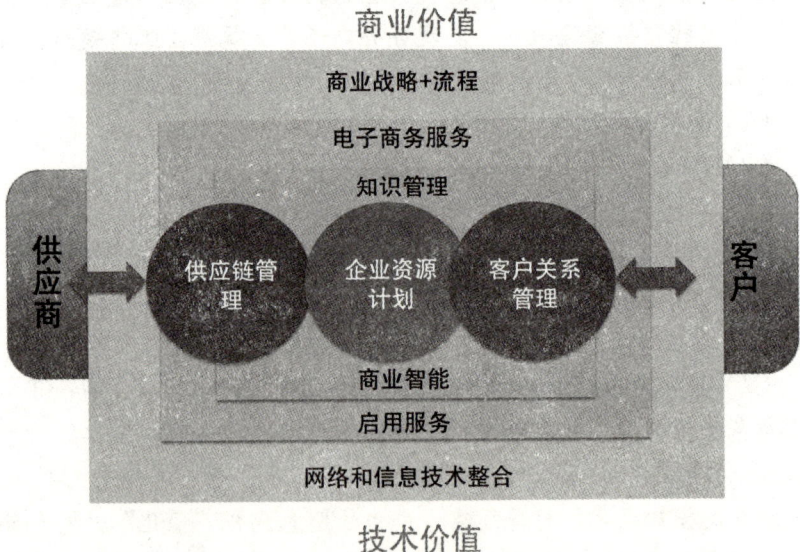

图4 IBM信息布局图

来源:IBM

Management），其过程都可以由知识管理的竞争情报和知识提供，来作为正确决策的依据；而在SCM、 ERP、 CRM的实施过程中，也都会产出有价值的知识文档存到知识管理系统中。

14. 知识管理和人力资源管理的关系是什么?

人是知识的主体。知识是人创造的，知识是一个知识工作者的工具，知识工作者正是依赖自己的知识而实现价值的。知识管理的知识贡献来源，来自企业的知识工作者与劳力工作者，这些知识贡献者都是人力资源管理的关键对象——人才!

"21世纪最贵的是什么？人才!"黎叔虽然是一个大偷儿，但是见识不凡啊，他说出了一个朴素的真理。

所谓的管理，其本质就是"思考和实践人如何利用知识去创造高绩效"。

时代变了，以前是人事管理，现在叫人力资源，而人力资源的服务范围，已经从传统的人力资源管理（HRM，Human Resource Management），逐步进化为人力资源发展（HRD，Human Resource Development），因此，如何提升企业员工的专业知识、工作技能、职业生涯规划、掌握社会和科技发展趋势，终生学习，就不再只是人力资源部门的事情，也和知识管理中的知识创造、获取、分享、应用等有许多交集。

因此，在组织学习、创新思考、知识产出、标杆学习等方面，知识管理与人力资源其实是密不可分。台湾高雄师范大学甚至已经设有人力与知识管理研究所，可知在学术界，也必须正视两者的关联与整合性。

15. 知识管理和客户服务的关系是什么?

顾客是企业所需知识的指南。如果企业存在的目的在于满足顾客需求、创造顾客价值，那么对顾客所有的洞察和互动，其目的都是要告诉企业：

（1）为了向顾客提供更好的价值企业需要做什么?

（2）企业需要什么知识才能做得更好?

企业若要成功将知识转为利润，必须建立一个以服务形态为主的知识型组织，而这种结合知识管理与客户关系管理的经营模式，也势必将成为知识经济下的企业新主轴，同时成为企业是否能增加利润并提升永续竞争力的关键（见图5）。

首先，企业必须先建立围绕产品与服务相关知识的知识库，接着，让顾客可经由企业入口网站（EIP, Enterprise Information Portal），透过电子商务平台或者商业社群（Business Community）与企业进行互动。从顾客所点选的链接、网页、微博发言、评论或浏览相关信息与产品等过程所留下的行为数据，客户关系管理系统便可以进一步利用各种统计学、数值算法、人工智能等数据挖掘（Data Mining）技术，将顾客的行为数据转换为顾客的可能需求。当企业了解顾客的需求后，再将这些需求信息送入企业内部的知识库中，一方面可以更新顾客的互动数据库，另一方面则将顾客所需要的知识服务与知识产品透过知识管理平台汇整后，经由电子商务平台把服务、信息、产品、知识回馈给顾客。

这其中，企业可将免费的信息与服务传送给顾客，以获得顾客对该企业相关产品与专业知识的信赖，然后再渐进引导顾客未来针对需付费的知识产品与知识服务进行消费，创造知识的附加价值。

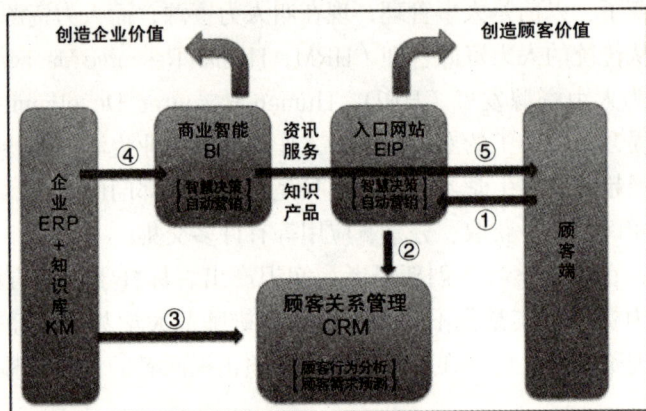

图5　知识管理和客户服务关系示意图

来源：陈永隆顾问工作室

【小段子】

@谢晨星：吐槽：我发现我对人人网简直是爱之深责之切，上次给我推送尿不湿广告那事还让我耿耿于怀呢，这没多久就又想骂它了。注意右下角减肥广告，首先我是男人，一般对减肥需求不大，就算有也没必要给我放个美女，不匹配。其次，我用人人网五年多了，竟然还不知道我发愁的是如何增重，而不是减肥！

下面有个神评论：

@ITEA：🌑人人网坐在金山上挖了这么多年煤，也挺有意思。

16. 知识管理和研发管理的关系是什么?

研发人员需要紧抓科技发展趋势的最新脉动，才能掌握正确的技术与产品研发方向。过去，内部优秀的研发人员集体进行头脑风暴，便可以激荡出好的点子，公司可以把这些思考、讨论、研发成果，都保存记录在公司的研发知识库。

近几年，网络知识越来越容易取得，全球化趋势带来了开放式创新（Open innovation），研发体系也从自行投入研究发展（R&D），进化到已经有些公司开始采用的取得发展（Acquire & Develop, A&D）以及联结发展（Connect & Develop, C&D），主要是强调与外部知识工作者之间的协同合作与策略结盟。这也意味着研发管理的知识来源，也必须逐步调整，由企业内部研发人员的知识，扩大到跨部门、跨公司、跨产业的知识。这种情况，在互联网公司研发管理中体现得尤其明显。

17. 知识管理和市场营销的关系是什么?

知识管理如果搭配好的科技工具，比如搜索引擎、商业智能等，将有助于提升企业对顾客需求、市场情报的正确掌握。

全球最受尊敬的知识型组织评比中，其中一个重要的指标就是："运用顾客或客户的知识来提升顾客价值"，显然，知识管理不再只是管理企业内部员工的知识。搜集外部合作伙伴、厂商与客户的声音，变成对企业市场营销与决策有用的情报，并借由科技工具的辅助，转化为更精准的市场决策建议，提供更好的客户服务，这是知识管理实施过程中，与市场营销结合很重要的一环。

18. 知识管理和档案管理的关系是什么?

有人问，如果把文档电子化或书面文档进行了完整的保存，是不是就等于做好知识管理?

其实，档案管理只是知识管理的一部分，不能代表知识管理的全部。知识管理是涵盖组织面、流程面与科技面的综合管理议题，也就是找对人，做对事，建设系统平台，再搭配激励措施与绩效评估，让知识流动并产生价值。

知识管理是将知识库、知识社群与知识专家三方进行整合的议题，是要将内隐知识外显化、外显知识电子化，只有知识电子化之后才便于分享与扩散的制度。

因此，档案只是知识库来源的一部分，所以千万不可把档案管理当成知识管理的全部，如果企业员工获得知识来源的途径只能是档案文件，那么员工们在获取知识时将会受到很大的限制。

二、诊断、访谈、知识盘点

19. 组织推动知识管理时，要不要进行高管访谈？

山越高阻力就越大，海越深陷阱就越多。如果条件允许，高管访谈是非常重要的，通过访谈，可以了解高管对知识管理的认知水平和推动知识管理项目的动机。

知己知彼，百战百胜，只有了解高管的想法之后，知识管理项目团队才有可能正确地计划出"有效避开项目阻力"的行动方案。

对于高管访谈有如下建议：

◇ 透过访谈与高管层先取得共识，高管对知识管理必要性的认同，会有利于往后项目团队在组织里更有效率地推动知识管理。

◇ 在做法上，应该询问高管层对于知识管理的目标是什么？希望执行的时间点是什么？希望在多久的时间内能看到预期成果？然后项目团队再根据组织所提出的需求，规划项目执行的时程及进度。之后，依照所排定的进度，一步步地去达成目标。

◇ 事先也应该清楚地询问高管层可以给予项目多少时间、多少人力支持，以及授权程度，才不至于使项目在执行的时候遭受阻碍。

◇ 必须考虑高管层是否非常忙碌或常常出差，如果和他们面对面讨论的机会不多，可利用视频会议、网络电话、邮件等进行访谈；现在的通信科技已相当发达，千万不可因为"不容易、不方便"就打退堂鼓，关注目标，不要局限在访谈形式，要根据情况灵活调整。

20. 高管访谈中，需要问的关键问题是什么？

可以向高管了解：

○ 什么是组织的核心知识？

○ 推动知识管理的价值是什么？

○ 组织内部会有什么阻力和障碍？

○ 高管愿意成为哪种推手？

在访谈前，要多准备一些问题。当组织对知识管理陌生时，通常高管也未必立刻知道答案。因为在开始的时候组织也并不知道自己需要什么，不要指望在第一次就能够获得终极答案，重要的是开始"慢慢地知道自己需要什么"。所以，项目的推进过程也是关于"知识的价值是什么"的持续沟通过程。访谈并非一次就结束，而是在不同阶段，有不同的访谈。

因此，做好每次的访谈记录，前后对照，可以避免询问重复问题，并容易使访谈在整个项目进程中起到层层上升的递进式关键作用。

【小段子】

一个IT经理走进一家拉面馆，问：请问你们需要客户端吗？界面似乎还有点陈旧啊。老板一愣：面一般是伙计端，忙的时候才需要客户端。介（这）面……介（这）面绝对是新鲜的啊，不过排骨是昨天的。

这个故事告诉我们，谈话的时候，不要只是站在自己的角度，满口都是术语，对方未必听得懂！对高层访谈的时候，不要无视领导茫然的眼神啊！

21. 如果项目团队不懂知识管理，怎么进行高管访谈？

当我们要执行一件过去从来没有接触过的事时，就是要先经过学习的过程，也就是"做中学，学中做"，从中慢慢累积这块领域的相关知识。没有人天生就会知识管理，所以首先不要被吓住。很多知识管理的从业者，恰恰是在学习知识管理的过程中，不仅增进了对知识管理的了解，也全面提升了自己的学习能力。

☆ 当项目团队要负责在组织里推动知识管理项目时，团队成员必须要先了解什么是知识管理，通过学习了解什么是知识螺旋、隐性知识、显性知识等这些基本概念，再结合公司的业务工作、需求重点来操作，通过实际的规划、执行后，自然就会深刻了解知识管理。

☆ 当推动知识管理的项目团队对知识管理具有一定程度的了解时，不仅在访谈的过程中可以让自己具有专业的信服力，也能够让领导们产生信赖感，有利于在组织里推动知识管理的工作。

☆ 通过网络、线下等多种途径，培养一个属于自己的专家人脉网络，对于推动知识管理也是一大助力。当遇到问题时，在网络上使用MSN、QQ、E-Mail、微博、知乎等，就可以得到答案或方向，还可以跟多个专家进行求证，是很实用的学习途径。善用人脉网络、知识社群可加速学习新知的速度。

【小技巧】

在本书的附录部分，列出了很多知识管理书籍、专家和专业网站，这些学习资源可以帮助知识管理初学者快速入门。

为了帮助初学者，萧秋水曾经写过一篇博文《陌生领域快速学习四大技巧》，这篇文章也适用于知识管理领域，读者可以用文章标题为关键字进行搜索，或直接访问博文地址：http://www.xiaoqiushui.com/archives/2301，据博文读者反馈说很有用，甚至有的读者用在了养猪方面……

22. 访谈涉及哪些人，分别有哪些重点？

访谈需要分对象进行，不同的对象有不同的关注点，知识管理既是一把手工程，也是全员工程，要关注每类对象的所需，并区分重点，分步骤行进，才能保证知识管理的成效（见表3）。

表3　访谈对象和关键点

访谈对象	访谈重点
企业高管	1.知识经济对组织的冲击
	2.组织的愿景与使命
	3.组织的核心价值
	4.组织的未来发展
	5.对知识管理项目的期待
	6.理想中的学习型组织
	7.理想中的知识工作者
企业CKO（Chief Knowledge Officer，首席知识官）或知识管理部经理	1.知识管理的宗旨
	2.知识管理的短、中、长期目标
	3.组织的知识价值标准
	4.组织的有效激励与诱因
	5.组织的知识通路
	6.组织的知识分享文化
	7.组织学习概况

续表

访谈对象	访谈重点
企业CKO（Chief Knowledge Officer, 首席知识官）或知识管理部经理	8.员工的绩效评估指标
	9.员工的创新能力概况
	10.跨部门合作现状
	11.知识管理的实施策略
知识管理推动小组	1.推动知识管理预期效益
	2.推动知识管理预期瓶颈
	3.推动知识管理成功关键要素
	4.员工创造知识的途径与方式
	5.员工储存知识的途径与方式
	6.员工分享知识的途径与方式
	7.员工知识扩散与应用现状
	8.员工创新想法的分享方式
	9.对知识管理项目的期待
	10.对员工未来工作形态的期待

来源：陈永隆顾问工作室

23. 推动知识管理时，为什么要先进行知识盘点？

研究报告《知识管理之过》（*The Case Against Knowledge Management*）指出，许多国外组织推动知识管理的资金最后都无法回收，这个现象称为"知识逆差"或"知识赤字"。

例如：有些组织应该要先进行知识分类，结果先建构知识社群。

例如：有些组织没有经过事先评估，所以不知道该买什么系统，结果所买的信息系统不符合组织的需求，造成资金浪费，当然也无法达到预期的效果。

大多数变革都应该遵循这样的原则：整体规划，分步实施，重点突破，快速见效。

摊子铺得太大容易应接不暇，时间拖得太长容易节外生枝，久不见效，则容易陷入"一鼓作气、再而衰、三而竭"的状况。所有的规划和盘点都是为了找到突破口，找到重点，找到杠杆解。

组织在知识管理准备期，先要执行知识盘点，这样做的目的主要是：

在了解现状的前提下，做出知识管理规划，设计合理的知识库、知识社群、专家黄页等的架构，包括知识库的分类、社区的种类需求、专家名单的收集利用、对信息系统的需求等。如果不清楚现状，就非常容易盲目行动。

所以，推动知识管理时一定要先进行知识盘点，盘点后，就可以全面而系统地看看组织有哪些知识，找出核心的关键的知识，查看遗漏了什么知识。如此，组织才会知道要往哪里走，需要什么样的知识，以及什么样的知识管理规划方案。

24. 知识盘点的流程是什么？

在进行知识盘点前，需要先清楚界定：

（1）组织的专业知识领域及知识来源管道都有哪些？

（2）顾客的需求服务领域及服务通道都有哪些？

接着便可以针对公司员工的专业知识与顾客的需求服务领域，进行知识盘点问卷设计。

经过知识盘点问卷调查后，可以进一步量化调查的结果，将知识盘点项目清楚地用图表方式来展现，并排列分数高低。

知识盘点的目的，是希望通过知识分类与核心竞争优势调查，有系统地挖掘组织与个人的竞争优势，提供组织在组织变革、流程改造、策略规划与任务指派时的引导与方向，并达成优势转型的目的。知识盘点流程可如下图所示：

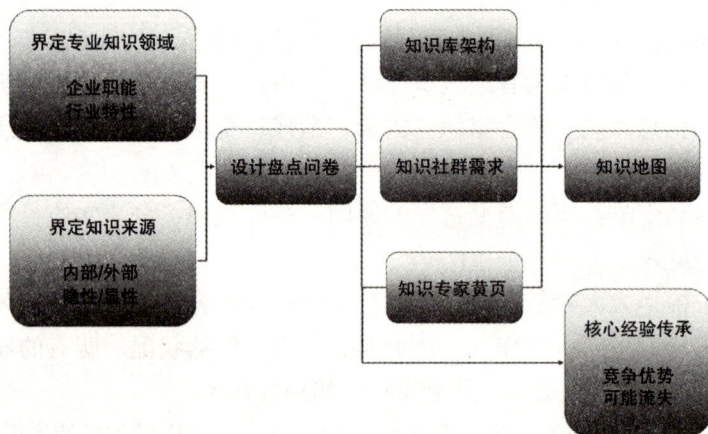

图6　知识盘点流程图

来源：陈永隆顾问工作室

25. 怎么找出组织的知识愿景与知识管理的核心价值?

最好是先与高管进行访谈，得到其心目中对知识管理的想法、重点。参考问题如下：

○ 知识经济对组织有什么样的冲击?

○ 网络发达后，组织受到什么影响?

○ 在受到知识经济的冲击之后，组织的愿景与使命是什么?

○ 组织的核心价值是什么? 组织的未来发展规划是什么?

○ 高层对知识管理项目有什么期待?

○ 高层采取什么方式与知识管理项目进行互动?

○ 高层理想中的学习型组织是什么样子?

○ 高层以什么方式参与建设学习型组织?

○ 高层理想中的知识工作者是什么样子?

虽然很多问题可能一时找不到答案，但是必须问，必须给每一个问题清晰的答案。组织的使命愿景没有标准解释，只有用心体验全力追求。

梦想可能模糊不清，但希望和坚持却可能是指引组织走出迷途的灯塔。

26. 怎么找出知识管理的执行目标与行动方案?

知识管理部门首先要思考：

○ 应该从哪些维度来定义目标?

○ 关键目标是什么?

○ 附加目标是什么（比如推动员工心智的改变）?

○ 如何对目标进行分解?

○ 如何对子目标进行排序?

○ 实现目标的核心资源是什么?

然后，项目团队可以从对首席知识官（CKO）或其他高管的访谈中找出执行目标与行动方案。访谈的问题需要更为具体，并着重执行面，重点包括：

○ 知识管理的宗旨

○ 知识管理的实施策略

○ 知识管理的短、中、长期目标

○ 组织的知识价值标准

○ 组织的知识通道

○ 组织的知识分享文化

○ 员工的绩效评估指标

○ 员工的创新能力概况

○ 跨部门合作现状

○ 有效的激励与诱因

○ 员工在组织中的学习概况

一个激动人心的目标是最好的激励，这种激动人心不是说公司能够实现什么，应该是或者首先应该是回答"对员工有什么好处"。

组织往往有很多目标原则，却很少问"这个目标最大受益者是谁？"。

知识管理部门需要从知识型员工角度出发去思考知识管理工作。

27. 怎么在知识盘点过程中发现知识社群？

在知识盘点过程中，可以留意发现知识社群，发现知识需求和分享的节点、需求、动机，为知识管理实施做好预先准备。

可以重点关注以下几个问题：

○ 谁想贡献什么？

○ 谁需要谁帮助什么？

○ 帮助别人的好处是什么？

○ 谁是活跃的分享者？

组织并不缺乏知识，而缺乏知识的有序组织和传播。员工并不缺少朋友，而是缺少聚合的活动。

知识的分享需要"分享的内容"、"分享的形式"和"分享的推手"，没有这几个要素的组合，知识分享是不可能实现的。知识社群不同于一般的社区，影响力中心必须是一个个有专业能力的"专家"，而不仅仅是活跃分子就够了。

28. 怎么通过知识盘点，找出知识分类？

通常来说，企业的知识分类有以下几种模式：

○ 从理论出发，从学科知识角度进行分类
○ 从应用出发，从流程角度进行分类
○ 从员工的习惯角度进行分类
○ 借鉴业界成熟的分类

区别是为了识别。对于企业来说，没有最好的分类，只有适合自己的分类。

分类当然可以用很多专业的方式，最重要的还是问清楚"你需要怎么使用它"。

设定好适合企业的分类，然后制订分类标准，在组织内推行，获得全员的认可，即使分类不能让所有人满意，久而久之，形成标准之后，不满意的情况也就会少多了。组织切忌在方式上花了太多时间，而在目的上花了太少时间。

三、知识管理规划

29. 为确保有效落实知识管理，什么是工作的关键？

让知识管理指标成为管理人员的绩效考核指标之一，设立合理的奖励制度，外聘一个专业的机构，参加更多的评奖，这些工作对于不同的组织，发挥的作用各不相同，组织应该可以根据自己的情况，合理设计。

以上这些，都是手段和方法，知识管理落实的关键是：

组织利益点。

组织中有不同的利益群体，或称利益攸关者，变革和项目落实必须充分从这些攸关者的角度去设计一种机制，确保项目为他们所用，为他们所利。

当然，由于企业里通常难以避免利益冲突，一种机制可能难以照顾到所有人，所以需要区分主次，设定好利益关联方的优先级顺序。

30. 知识管理需不需要长期的推动计划？

知识管理计划通常分为短、中、长期3个阶段，针对每个阶段所需执行的内容进行规划，就是一本完整的"知识管理规划白皮书"。

其中，每个阶段和时间点该完成的工作都需要详细的记录，并陈述各阶段搭配的绩效指标，让每个阶段的执行主线清楚呈现，才能有效地发挥执行力。

其实在推动知识管理时，有一个很重要的原则："不改变组织的文化，在组织所秉持的原则之下，把事情完成"。一般来说，知识管理规划白皮书所需涵盖的重点包括：

○ 点出未来信息科技的趋势与其重要性。

○ 陈述组织与高层的愿景。

○ 进行环境分析，与组织优劣势分析。

○ 了解组织推动知识管理的现状与布局，并呈现出知识管理与组织其他信息化项目的相互关系。

○ 推动知识管理的项目组织成员说明，包括项目团队、项目经理、外部顾问，各部门代表等。

○ 制订绩效衡量的指标和考核方式。

○ 列出每个阶段的执行项目与日程计划，并画出各阶段的分解计划、甘特图等。

○ 列出分阶段的预期效益、里程碑。

31. 知识管理项目计划怎么才能切实执行?

知识管理项目团队应该建立项目管理制度，依照项目管理方法来执行与追踪各项计划。

○ 在每个知识管理行动方案中，制定KPI（Key Performance Indicators, 关键绩效指标），让所有成员清楚明白各个阶段应该完成的工作项目。

○ 计划书的撰写要考虑实务上的执行力，因为好的知识管理外部顾问虽然可以让组织往正确的方向前进，但真正的执行还是要靠组织本身的努力，因此若是执行力出了问题，即使找再好的顾问或专家，也很难达到目标。

○ 执行期间如发现有阻碍难行的部分，需立刻提出并进行调整。

执行知识管理计划时，有下列几个可供参考的成功小秘方：

○ 计划除了需由项目团队的负责人或顾问主导拟定外，应让各部门领导参与。

○ 组织如果同时进行数个重大项目，知识管理项目团队必须有全面性的整合型规划，而非独立进行知识管理。

○ 送给高层一人一本知识管理规划书，让领导们随手可得、随时可查阅。如果知识管理规划书是用视觉思维的方式制作、以图像形式显现，而且过程中又有高层的参与，则会取得更好的效果。

可以参考《视觉会议》（大卫·西贝特著，臧贤凯译）一书中的做法，在知识管理规划之初，就是大家一起行动，用视觉图像把知识愿景、行动路线呈现出来，一直张贴在办公室内，经常被团队成员看到，可以增强团队执行力。

○ 项目团队应该每周召开一次项目进度会议，并把会议记录转寄给顾问，每个月与顾问开会讨论重要议题成果与推动状况。

○ 及时向高层和各部门领导通报项目进度和成果。

32. 组织架构经常变动，知识管理怎么持续推行下去呢?

对于中国的不少企业，组织架构的变动的确是常事，这对知识管理尤其是推行初期，是比较严峻的考验。

在知识管理推行之初，最好和高层达成共识，尽量减少知识管理部门本身的变动，在一定时期内，保证知识管理部门的稳定性，便于持续开展工作。

而对于知识管理部门，在进行知识管理规划和推动时，要注重知识管理系统的柔性，能够支撑到组织架构的变动、人员的变动，要注意知识库随架构而进行更新、紧密联系知识专家，在变动中保持知识重要因素的不动，使变动不会对知识管理产生不良影响。

事实上，知识管理部门也可以借助组织架构的变动，做出有利于知识管理的推动。

33. 小型企业的知识管理项目应该从何入手?

绩效是硬道理。这句话背后还有一句潜台词——老板是硬道理。解决绩效问题，就是解决老板心中最想解决的问题，必须把提升绩效作为知识管理的目标，以此作为知识管理的出发点。其他都是手段而已。

对小型企业，要把握"简单、实用"这两个要点。

建议这么几个着眼点：

（1）问题——看企业最需要解决的问题是什么?

（2）每个人的绩效——看每个人要提升的绩效是什么？

（3）企业目标——把目标分解为更细的指标，然后看需要什么知识。

（4）从老板需要开始。

（5）不做太复杂太长期的规划，小步快跑，快速见效。

（6）用简单实用的工具，不花太多钱。

四、项目团队组建

34. 是否需要成立推动知识管理的项目团队？

这个问题还是没有标准答案，但原则上来说，最好是有一个依项目任务而组成的内部团队，并且团队要保持一定的稳定性。因为知识管理真正执行的环境是在组织内部，而稳定性可以保障工作的持续性。

○ 外部顾问团队只能提供经验与从旁协助，无法取得组织内深藏的Know-how。

○ 应根据组织所拥有的人力、本身的情况以及需求进行判断。

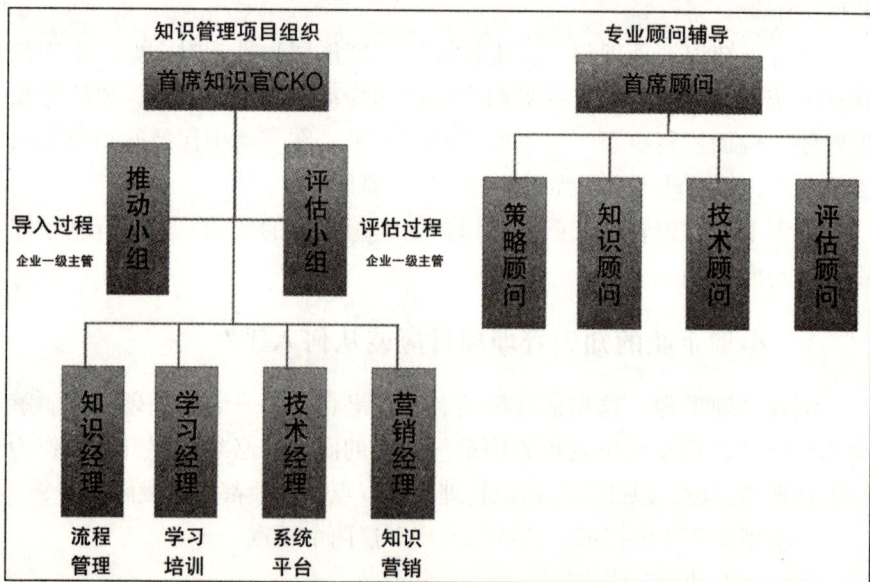

图7 知识管理项目团队范例

来源：陈永隆《知识管理》

曾经有个组织表示："我们一定要用最好的软件来推动知识管理。"为什么呢？因为这个组织以往推动知识管理时，系统平台使用率很低，满意度也很低。所以他们认为一定要买顶级的软件，才能得到最好的成效，但其实真正的原因是没有一个专职的项目团队来负责推动知识管理，因此，产生许多无谓的错误与浪费。

图7是知识管理项目团队的一个范例（强调一下，知识管理项目团队依企业不同情况而建立，本图只是范例，不是标准）。

35.怎么设计知识管理项目团队的组织架构与职责？

对一般企业来说，知识管理项目团队建议包括：
○ 首席知识官或知识管理项目负责人
○ 知识管理主管
○ 知识管理专员
○ 研发项目经理（如果采用外购软件则不需要此角色）
……

除了上述成员角色以外，最好设有推动与评估两个小组。各成员的职责分述如下：
○ 首席知识官或知识管理项目负责人

担负整体知识管理推动的成败责任。其职责包括规划与导入最有效可行的知识管理架构，并提供组织最新、最准确的知识来源作为管理层决策依据。
○ 知识管理主管

负责执行并实施知识管理导入项目的灵魂人物，其职责为进行知识分类、筛选组织知识来源；并建立查询和分享组织内外部知识的管道，以及知识分享的绩效考核制度等。
○ 知识管理专员

负责执行组织的知识管理制度，建设知识管理系统，建设知识管理分享文化，联络内外部专家，组织员工分享专业知识的活动，进行知识营销等。
○ 研发项目经理

主要负责评估与建置组织知识管理系统平台，并规划组织知识与文件分享的权限设定技术，和制定网络平台安全管控机制等。

○ 知识管理推动小组

初期需扮演积极推动的角色。一旦组织的知识管理顺利运作后，推动小组可转型为"知识管理效益评估小组"，评估执行成效。

评估小组也可以另行成立。

36. 集团模式的知识管理组织设计有哪些模式？

一般来说有3种模式，集团企业可以依据自己的需要进行设计：

○ 集中式：在集团总部设立知识管理部门，而分支机构不设，由总部知识管理部门统管一切；

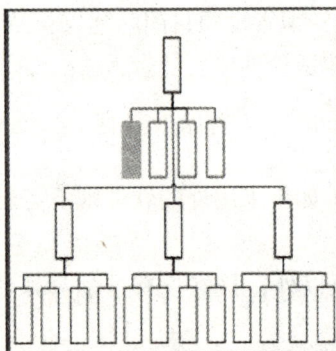

○ 分散式：在集团总部和分支机构分别设立知识管理部门，总部知识管理部门负责制定制度、搭建平台，而分支机构知识管理部门负责执行；

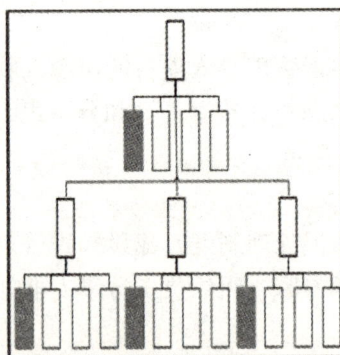

○ 混合式：集团设立知识管理部门，分支机构未必设立部门，可以只设立知识管理岗位，与集团知识管理部门呼应开展知识管理工作。

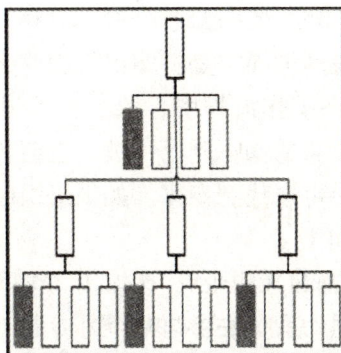

37. 要不要设立CKO?

CKO（Chief Knowledge Officer，首席知识官或知识长），有的企业叫CSO（Chief Strategic Officer，首席战略官），也有的企业叫 CLO（Chief Learning Office，首席学习官），或称知识总监，最主要的任务就是掌管企业内所有知识管理相关的工作。

CKO必须是一个企业家、策略家、具备远见者，以知识管理作为工具并掌握企业未来的发展，同时必须要能够将CEO心中所想的转化成行动，而且要用最有效率的方式达成。CKO必须在企业内有着良好信誉，角色扮演良好，且又了解企业文化，具备高超的沟通能力。

是否设立CKO，企业需要根据自身的实际情况做出考虑。

由于CKO的职能和CEO存在一定的交叉和重叠，而CKO往往在专业领域有着较强的影响力，所以，如果设置不当，有可能会导致两者间在权责、声望方面的无形竞争，如果有这种可能性存在，则不建议企业中设立CKO的职位，其职责可以由CEO兼任，或由知识管理部门经理分担。

而如果设立CKO对于知识管理的推动更加有利，而又不会引发其他问题，那么可以设立CKO。通常来说，这种设立方式也是一种信号，能够自上而下传达出企业对于知识管理的重视。

38. 一定要成立知识管理部门吗?

这必须依据组织的知识愿景以及组织人力是否充足而定。如果组织规模不大，就不一定要成立知识管理部门，只要设立相关岗位、或者在某些岗位增加知识管理职能就可以，但有些组织的高层在启动知识管理计划时就肯全力支持，成立正式编制的知识管理部门。

可以参考组织在知识管理上已经做到什么程度，再来评估规划。

推动知识管理的最高境界，是将知识管理变成一种文化与习惯，融入到流程之中，员工在工作流程中，依据相关规定，使知识产生、流动、沉淀，与工作流无关的知识产出，员工也会自动将文件上传分享；员工有任何问题，马上可以找到专家。如果组织已经达到这种程度，其实已经无须知识管理部门。

但也有的组织，比如St. Charles，有400位全职知识管理人员，每年从全球抽调知识能力最强的人员去参与几个月专题工作，一般组织可能做不到这样。

39. 知识管理部门的职责有哪些?

知识管理部门的职责主要有：
○ 知识沉淀和挖掘（关键是建立一种机制）
○ 知识分享和应用（知识工具化）
○ 推动开放式的知识管理（把知识管理和创新结合）
○ 服务内部专家（倡导管理即服务的思想）

其实，重要的不是职责，而是贡献。所有职责的描述都是为了更好界定团队成员的行为以实现目标，所以对职责的描述应该具有灵活性，最忌讳的就是僵化工作内容并以此作为推脱的借口。

更多的时间，知识管理部门需要系统而深刻地思考"知识管理的顾客是谁"、"知识管理的贡献是什么"。

40. 人力资源主管和知识管理主管是否应该是同一个人?

对此，主要有3类意见：
（1）最好是同一个人，这样才可以充分利用知识来开发人力资源，可以更好引入外部知识；
（2）知识管理主管要比人力资源主管高一级；
（3）分工协作，平起平坐。
目前大部分企业采取的是第三种。

人力即知本。理论上最没有矛盾冲突的应该是人力资源管理和知识管理，可是在企业内往往却成为冲突的核心，这是为什么呢？因为知识管理在不断地削弱人的权力，而提高了人的影响力，但大多数人却喜欢权力而不喜欢影响力，因为权力更加简单粗暴而符合人性。

到底采取哪种方式更好，没有一定之规，要看企业性质、文化等来确定。

41. 各部门知识管理人员应该取什么名字？

学习官、知识官、知识管理经理、知识管理主管、知识管理专员、知识专员，还是其他？

人的名树的影，名正则言顺。我们应该把取名当成一种艺术而不是一种规范，名字对人行为的影响是很大的，不然也不会有那么多取名的风水大师，不会有那么多专门想概念的咨询公司。当然，首先人力资源部会反对，原因是公司词典里没有这个称谓，哎呀，这是典型的郑人买履式思考。☺

建议采取业界通行的惯例就可以了：

知识管理分管高层：CKO或首席知识官、学习官。

知识管理部门经理：知识管理部经理。

知识管理部门人员：知识管理主管、知识管理专员。

【关于KMer，你必须知道】

其实，不管知识管理人员取什么名字，大家共有一个名字叫KMer。

KM，知识管理的简称，KMer，从事知识管理的人。

通常来说，一位KMer是受人尊重的，因为KMer普遍被认为上知天文下知地理文武双全，谁让KMer接触的新东西多呢？

所以，作为一位KMer，请用自豪的眼光看世界吧，当然，最重要的是：

好好学习，天天向上！

42. 什么人适合负责知识管理？

组织选择负责知识管理的人，通常有两种途径：

○ 从外部招聘知识管理专家

○ 从内部选拔

不管是何种途径，负责知识管理的，必须是：

（1）懂得知识管理的人——如果是内部选拔，可能在最开始对知识管理还不够了解，但必须具备非常强的学习力，能够在短期内通过培训等方式了解知识管理；

（2）深刻认同知识管理的人——知识管理是一种可以后天培养的技能，而认同知识管理很重要，一个不热爱知识分享、缺少总结能力的人，往往不能胜任；

（3）重要的是这个人必须有激情，同时获得授权。知识管理对很多企业都是陌生事物，如果缺少激情，又得不到组织的充分授权，就可能寸步难行，最终以失败告终。

43. 招聘不到知识管理专业人士，哪些人可以替代？

能找到有知识管理实施经验，或是知识管理相关科系毕业的人，当然可以快速上手。不过，若能找到具备人力资源管理、组织学习背景，热爱学习新知识、乐于分享，积极创新、学习能力强的人也很适合。

另外，具有IT背景，且懂研发、流程整合，沟通能力不错的人，也是很适当的人选。

44. 为什么企业有时候需要借助外力来推动知识管理？

知识管理在短期目标上可以被定义为"提供知识以提高绩效"，组织有很多提升绩效的方法，通过学习获得相应的知识以提升员工的素质，通过提升员工素质来提升绩效创造能力是很重要的途径。企业在此方面不作为，往往是因为没有"适合做这件事的人"，而且即使有适合做这件事的人，由于种种利益牵系，也可能不被企业内部所有人接受。

很多时候，"外来的和尚的确好念经"，你懂的。

在这种情况下，企业应该考虑借助外力来实现。内外结合，天下无敌。

45. 组织怎么开展与外部顾问的合作？

建议组织在推动知识管理时应与外界具有成功实战经验的专家、学者或顾问团队进行交流，包括经营策略、知识管理、信息科技等专业领域，并可依照组织本身导入需求，咨询不同专长的顾问。

对外部专家团队的运用本身也是知识管理的一部分。

顾问的工作方法：

○ 组织可以定期召开合作项目会议，结合外部顾问的知识经验与内部项目团队的专长，让组织能成功地推动与运作知识管理。

　　○ 组织在人力不足的情况下，最适合采取"任务编组"的方式。透过项目任务编组，可让组织内部员工在原本职务外，利用额外的时间与顾问团队交流，且不至于冲击组织的日常运作。

　　○ 知识管理项目团队与外部顾问更可通过网络，以虚拟、不受限时空的方式进行远距离协同合作，完成任务。

46. 把外部顾问当成老师还是教练?

　　老师的作用是：系统地告诉我们怎么做，借用来教育其他内部人。

　　教练的作用是：教会我们，传、帮、带是他们工作的核心，更希望学会以后自己来做。

　　教练和老师的角色区别决定于学生。不是老师教练的角色决定了学习内容，而是学生怎么学决定了外部的顾问是老师还是教练角色。如果知识管理项目团队把所有的问题都丢给顾问，那么项目团队永远都不会长大。不要去管咨询合同怎么签的，时时问自己需要不需要通过一个项目成长起来，需要不需要在未来具备独立工作的能力。

47. 为什么要多与外界知识管理团队交流经验?

　　知识管理除了强调组织内部经验的传承，如老员工、高管与专业人员的知识与技能外，也应该引进组织外部专家团队的知识能量，才不至于使组织的知识管理视野只局限于组织内部，造成"义和团式的知识管理"（指完全无视外在趋势与竞争对手的发展现状，只盲目地挑选组织内部最佳知识精英或最佳策略，然后自我满足地以为高枕无忧）。

　　如果能以更高层次的视野，看待知识管理与整个外部环境的互动，对组织才是较正确的思维。著名的"梅特卡夫定律"中所提的网络价值，就是随着用户的平方而递增，节点愈多，价值就愈大。

　　让组织多与其他外部组织互动、交流，才能产生更大价值。例如组织有一项目需要执行，而这个项目在某一外部团队早已经历过，他们可能为了这个项目的流程思考了好几个月，如果能通过交流，得到对方的经验，则这些步骤可能只需一周时间即可完成。

　　外部知识管理团队可能是供货商或组织的合作伙伴，也可能是顾客。其中的接触方式包括一些不同形式的会议、拜访、讨论，也未必一定是实地的，可以通过网络。

另外，交流是双向的，可能是组织去帮助外部团队，也可能是外部团队对组织提供协助。如果只抱着索取的态度，那么双方的合作未必能够成功。

【关于梅特卡夫定律，你不可不知道的】

梅特卡夫（Metcalfe）是个大牛人，3Com公司的创始人，计算机网络先驱。

梅特卡夫定律是指网络价值以用户数量的平方的速度增长。

这个法则告诉我们：如果一个网络中有n个人，那么网络对于每个人的价值与网络中其他人的数量成正比，这样网络对于所有人的总价值与$n \times (n-1) = n^2 - n$成正比。如果一个网络对网络中每个人价值是1元，那么规模为10倍的网络的总价值等于100元；规模为100倍的网络的总价值就等于10000元。网络规模增长10倍，其价值就增长100倍。

在社会化媒体时代，这个意思就是说：你拥有的社交网络越厉害，你也就越牛。

第二阶段
导入期

◎ 启动会议
◎ 培训教育
◎ 项目会议
◎ 种子培育
◎ 系统需求和评估
◎ 系统构建
◎ 知识管理法宝
◎ 达成共识
◎ 分享文化

五、启动会议

48. 知识管理的启动会议，为何高层要亲自出席？

启动会议是知识管理项目的重要开端。经由高层的参与，可以显现出高层管理者的支持度与企图心。

无论如何，务必要邀请到主管领导与各级部门经理出席启动会议，会议中由高层号召，让所有员工了解这是组织所重视的项目。倘若没有这样做，项目的后续推行势必会遇到很多阻碍。

◇ 组织在进行或导入知识管理项目时，若无高层长期、持续性地鼓励与支持，通常容易半途而废。

◇ 高层支持可以避免很多执行上的障碍。取得支持后，容易申请到项目经费及人力等资源，跨部门的典范分享也相对容易。

◇ 高层的支持须用实际行动表示，而不是只说空话。要知道群众的眼睛是雪亮的。

49. 怎么让组织的中层经理人投入到知识管理项目中来？

推动知识管理的过程中，在很多组织出现的状况是：高层很支持知识管理，基层员工也用心地参与知识管理活动，但是中层经理却被忽略了，甚至从来没参加过知识管理项目会议。

这种情况，对于知识管理的推动成效，会产生很大的负面影响。若要避免此种情形，下列几点措施可供项目团队参考。

◇ 知识管理整体参与度情况。首先要了解，中层经理在此知识管理项目中相关实体活动的参与度与出席状况。

◇ 知识管理平台使用情况。统计在知识管理系统平台中，中层经理的使用情况。有时，很多中层经理根本没使用过知识管理平台，在项目执行上就会产生一些问题。

◇ 从上至下传达。中层经理支持度不够时，可由高层向其说明知识管理的好处。

◇ 加强培训。在培训教育时，需将中层经理纳入培训对象。

50. 怎么让基层员工参与到知识管理中来?

知识管理如果没有全体员工的参与,效果会大打折扣,一般会采取"胡萝卜加大棒"赏罚兼施的方式。但若想避免与减少基层员工为了绩效考核才愿意配合的情况,就需要建立一个共同的核心价值,建立一个推动知识管理的共识,让所有员工发自内心认同及支持推动知识管理。

例如,有些组织采取比较柔性的处理方式,不设定KPI(关键绩效指标)联结绩效考核,而专注于建设知识分享文化,就是希望员工是真心并长久地推动知识管理。

文化,才是最大的力量!

六、培训教育

51. 在推动知识管理过程中,组织需要举办培训教育吗?

一定要!

因为举办培训教育可以凝聚组织共识,这样大家才会有共同的语言。但是必须针对高层、中层经理人、一般员工和社区版主等员工,举办不同主题与内容的培训教育,否则一锅炖容易乱套。

对于高层,可以邀请外面的专家学者来演讲,让他们了解知识管理的趋势与未来发展,以及公司业务、信息科技跟知识管理之间要怎么去配合。

对于中层经理人,要全面阐释知识管理对公司、对管理的重要意义,使中层经理人对知识管理有明晰的认识,并让他们明白,推进知识管理可以给自己的管理带来益处,从而在行动上愿意支持。

对于基层员工,需要给予他们一个完整的概念,告诉员工可以应用的知识管理方法、工具。培训教育时长可以视组织愿意给员工多少时间而定。而举办培训教育的时间点,应是知识管理推动的前期阶段。培训教育中,必须将知识管理规划白皮书的内容向大家做一个简单说明,让员工明白组织完整的规划与决心,使主管与员工能够共同支持。同时,可以在知识管理培训中加进对员工非常实用的内容如个人知识管理、促进学习力的各种方法和工具,让员工切实感受到知识管理带给自己的好处，员工能力的提升，也会促进中层经理人对知识管理的支持。

另外，要特别注重对新员工的培训。新员工刚进公司的时候如果就能够树立正确的知识管理观念，获得相应的方法和工具，及对知识管理平台的使用有清楚的概念，则往往会成为知识管理推动的生力军。知识管理部门可以要求在新员工培训中加进知识管理课程。

如果组织开始建置知识社群，社群版主也需要接受相关培训。因为很多组织的知识社群无法顺利推动的原因在于：

（1）根本没版主。

（2）即使有版主，也因为从未进行过版主的培训，所以不知道该怎么推动。

52. 为什么要定期邀请外部专业人士演讲？

组织除了强调内部经验的传承外，也应该引进外部专家团队的知识能量，才能扩大组织对知识管理的视野。在组织内外部之间取得知识平衡后，将能取得最佳的竞争优势，以适应整体大环境的快速变动。

邀请外部专业人士演讲，主要是进行知识的互动，让内部人员知道目前外面的情况，有了交流与创新，会让不同的人与组织间产生更多的互动。

在引进外部专家学者与顾问的知识来源时，组织应注意如何结合外界的动态与组织内部的核心知识，正确地将外界的知识能量导入组织内部的知识管理系统。如果能够持续且有目标地融入外界最新的知识，并结合组织内部所拥有的专业领域，将能进一步转化为组织的竞争优势。

组织如果懂得应用"虚拟专家团队"的资源整合概念，与遍布全球的专家一起分享知识，让组织外部专家的智能协助组织提高竞争力，并让组织的智能协助外部专家产生竞争优势，则专家与组织双边将能够互相成长，顺利组成适合且专业的顾问团队。

另外，对于中国企业，还是那句老话：外来的和尚好念经。用六种方式重复同一个观点的成效，要比单一方式重复六遍高得多；同样的话，内部人说和外部人说效果也会不同。

内部人说话，常被视为老生常谈，说多了，好事也不成好事了，容易导致大家的逆反和下意识的抵触。书常读常新，话越咀嚼越有味道，多请外面的人来讲讲你讲过的、你想强调的、你支持的道理和观点其实好处多多。

七、项目会议

53. 知识管理项目会议应该怎么安排？

知识管理项目，可不是开了启动会议就算完，过程中的项目会议也很重要。

知识管理项目会议的召开应该以项目团队为核心，视会议主题邀请不同的与会人员：

◎ 项目团队会议

参与人员仅有项目团队成员，讨论重点为各项知识管理活动及措施的执行细节、改善与检讨，至少每周召开一次会议。

◎ 项目团队与高层

会议重点为成果报告，通常为每月召开一次会议。

◎ 项目团队与外部顾问

如果组织聘请了外部专家担任知识管理顾问，建议初期将顾问并入项目团队会议中，让外部顾问适时掌握项目进度与困难，以提供专业建议与咨询，后续，如果知识管理推动顺利，则顾问会议可调整为每双周或每月一次，保持组织内部与外部接轨。

◎ 项目团队与各部门种子人员

各部门种子人员的职责，视组织的知识管理计划要求各单位应配合的工作项目而定，会议的召开频率与次数不一定，主要讨论各部分须共同执行的事项，有时项目团队也需要依据推动状况，不定期邀请相关部门主管员工参与讨论会议。

54. 项目团队与组织高层要不要定期召开知识管理会议呢？

推动知识管理需要每个星期、每半个月，或每个月定期让组织高层知道知识管理的推动进度与成果，而且定期会议不能间隔得太久，因为间隔太久，当高层不了解推动知识管理状况的时候，就必须花很多时间来进行解释。

有些时候，因为没有定期与高层沟通，会产生明明已开始执行的任务，却因高层想法的变动不断地更正工作内容，导致会有团队成员开始抱怨："为什么工作任务总是变呢？"所以，定期让高层知道知识管理的进度与成果，是相当重要的一件事，可以让组织在推动知识管理时减少资源与时间的浪费。

如果高层缺少时间定期参加会议，也一定要及时通报项目进度，让高层及时了解情况。

八、种子培育

55. 怎么筛选各部门的知识管理火种？

星星之火，可以燎原。这在知识管理中也一样适用。

知识管理种子人员主要扮演部门代表的角色，大多由各部门主管选拔或指派产生。

分享不是一种意愿，而是一种礼品。大多数人把知识当作自己的资源或者资产，知识挖掘对很多人来说常常就意味着无偿剥夺。也许靠一个人很难做到，需要一个团队来完成。所以，作为知识管理责任人最好是能够整合团队的人，能够把知识管理和业务流程整合的人。

建议被遴选者的具体条件是：

☆ 资历：对组织有一定了解程度；资浅者若具备丰富的工作经历，能快速进入状态，也可以列入候选名单。

☆ 绩效：应该是组织内绩效表现好的人员，否则会缺少影响力。

☆ 经历：最好是具备多个部门的工作经验，或者有跨部门项目经验。

☆ 特质：主动积极，有热情、耐性与毅力，正面思考等。

☆ 意愿：喜欢自我磨炼与挑战。分享的意愿很重要，有时候，虽然员工能力够了，但是缺少分享的动机，也起不到作用。应该选择有强烈分享愿望的人。

56. 知识管理种子人员的职责有哪些？

知识管理种子人员可协助项目团队推动知识管理的各项活动与措施，将其落实于所属单位中。

种子人员的职责包括：

○ 协助将知识管理的各项工作落实在部门内，使其顺利推动。

○ 带动部门同事对知识管理的各项活动给予支持和参与。

○ 随时反映部门同事所提供之意见与建议。

有些组织的高层会直接指派各部门主管为当然的知识管理种子人员，这时，项目团队宜建议各部门主管再在本部门内选派一位代理人，在主管公务繁忙、无暇分身时，能代表出席相关项目会议。

九、系统需求和评估

57. 知识管理系统通常包括哪些模块?

知识管理系统不论是自行设计、购买商业软件还是外包设计开发，最常使用的模块包括（如表4所示）：

□ 企业入口网站（又称知识门户）

□ 文件管理系统（知识库）

□ 知识社群平台（知识社区）

□ 专家黄页

□ 搜索引擎

□ 知识统计分析

有的企业，也会把学习平台（E-Learning系统）算入知识管理系统。近几年，由于网络技术的迅猛发展，也需要在模块中加入Web 2.0与社交元素。

表4　知识管理系统功能表

主要功能	详细说明
知识门户	为不同使用者提供个性化的访问知识的界面，既有系统推送的知识，也可以由使用者定制。使用者不需要自行寻找分散各系统的知识，而是可以在知识门户中一次性访问
个人主页	1．除知识门户外，使用者还可以拥有个人主页，在此主页上包括了个人愿意公开的资料，如工作经历、项目经历等，也包括了使用者的文档上传和分享情况等 2．使用者可以定制页面，上传个人照片，与浏览页面者进行互动（留言、微博等）

主要功能	详细说明
知识地图	1．将各种知识按照一定的规则或逻辑关系进行组合，形成知识导航，让员工可以快速访问知识，如新员工知识地图、岗位知识地图等，产品知识地图、营销知识地图等 2．知识地图和搜索结合，可以帮助使用者快速获得知识。知识地图在知识的系统化方面功不可没
知识文档收集	1．文档上传、维护、浏览、查找，支持各种主流文档格式（.doc，.xls，.ppt，.pdf，等等） 2．支持文件夹分类，包括每种分类的层级关系管理，能够自动提供文档摘要、关键字的萃取，提供文档在线预览功能 3．提供文档审核、版本管理等管控功能，保证文档质量 4．提供文档生命周期管理，过期文档可进入历史库 5．提供批量上传功能，方便使用者操作
知识文档管理	1．可根据人员、角色、群组、组织架构来设置文档使用权限，有效管理使用者对文档的阅读、下载、删除、拷屏等权限，既保证知识分享，也保证信息安全 2．除了系统设定的分类外，支持使用者自定义分类和标签等个性化功能 3．文档支持按分类进行订阅，推送到使用者的个人主页或邮箱
知识文档分享	1．通过"全文检索"、"分类检索"、"文档类型检索"、"作者检索"等各种检索方式，让使用者快速寻找到所需要的资料 2．在浏览某一篇文档时，可以随时交叉查询到其所在分类、相关文档（同一作者、同一类型、同一关键词等） 3．提供热门标签和标签云功能，让使用者快速了解知识库中的重要关键字标签 4．提供文档评分、收藏、评论等机制，提升上传者和使用者阅读和心得分享的意愿 5．提供文档上传积分功能，提高上传者的积极性。积分设计可以借鉴销售提成方式，除原始上传积分外，每下载一次，上传者获得额外积分
专家黄页	1．按照不同的专家分类，设计专家黄页，包括专家的专长、经历、著作、专业文章、各种联系方式（邮箱、电话、内部IM、内外部微博等）等，让使用者可以了解专家，并在需要帮助时，迅速得到该领域专家的支持 2．可以借用微博认证制度，给内部专家按资历、知识贡献度等进行评级，并把知识贡献度和专家的绩效、升职挂钩 3．除内部专家外，专家黄页还可以包括外部专家的资料，整合其博客、微博，在内部进行更新，给使用者提供外界信息

续表

主要功能	详细说明
知识社群	1．提供圈子、论坛、微博、博客、百科、问答等功能，使有共同兴趣的内部员工进行聚合，创造隐性知识外显化的环境，打破时空限制，增加内部知识交流，促进协作 2．精华讨论文章可并入知识库，使知识库拥有源源不断的"知识活水"
统计分析报表	提供文档排行榜、积分排行榜、使用者排行、部门排行、使用者记录等各类报表，让管理者可以轻易了解知识管理系统的使用情况，了解知识管理的成效，通过数据来调整策略和行动
竞争情报	通过RSS等各类方式整合外部网站的资讯，尤其是竞争对手的网站、微博等，可以订阅企业关心的关键字，方便使用者在一个页面上进行浏览，这样的功能非常受到市场营销部门的欢迎，也会成为知识管理推行的亮点
安全机制	1．提供文档安全防护机制，避免知识文档被不当的复制、打印、泄露到外部 2．登录时的防护机制，可与企业内其他系统整合，单一入口登录 3．员工离职流程时检查相关权限，避免离职后仍可登录知识库，造成文档外流

58. 能不能直接使用免费的知识管理平台呢?

有些组织因为预算的考虑，会先寻找免费的知识管理平台（如PHP的Opensource系统）构建并导入知识管理。但使用免费平台会产生下列几个问题：

◇ 安全性的问题。

◇ 功能不易根据组织业务情况进行定制，系统弹性不够。

◇ 有的系统虽然有讨论区，也可上传文件，但并不是真正的知识管理系统，很多管控机制都无法满足组织的要求，终究无法达成理想成效。

后续，当组织发现原有的免费系统不够用，决定自己开发或购买知识管理系统时，之前参与的相关部门又要重新配合，一定会产生逆反心理：因为此时不仅知识管理系统导入步骤要重来，原来平台上已存在的知识文档，也要转换到新的系统中，又需要花费精力，并可能产生一笔不小的系统数据迁移费用。

因此，如果组织认为采购系统的时机未到，还是应该多去了解与比较，再作决定，而不是图省钱，先使用免费系统。

当然，如果组织内的开发能力非常强，能够进行完善的改造，则又另当别论。

59. 知识管理系统是自行开发、委外设计，还是采购?

这并没有一定的答案。

在《知识管理工具箱》（The Knowledge Management Toolkit）一书中，对于知识管理系统是自行开发、委外设计，还是购买套装，提供了作者的分析看法，如下表所示，可供参考：

表5　知识管理系统自行开发或外购的比较表

选项	预付成本	解决方案质量	开发时间	弹性	可定制性	备注
自行开发	高	视情况	高	高	高	质量差异大，视公司开发团队专业性而定
自行开发，并请顾问指导	高	视情况，但比上面稍好	中	高	高	质量差异大，顾问能力影响大、成本较高。且需承担顾问也为竞争对手导入系统的风险
找顾问公司协助完成开发	中	普通	低	中	中	竞争对手可能已经有同样的系统
由使用者自行开发	通常为低	通常为低	视情况	高	高	不建议
外购	低	高	无	低	低	需考量安装的时间
外购可客户化开发的现成方案	中	高	低	中—低	中	优选方案
购买现成的组件，并按公司需求整合	低	高	低	非常高	非常高	优选方案

来源：The Knowledge Management Toolkit

如果自行开发，弹性最高，但相对成本较高，开发时间也长，质量的优劣则需视组织的开发团队而定。

如果单纯一个知识文档管理功能自行开发需时一年，而购买现成的解决方案或组件三个月就可直接上线，而功能还更完善，那么组织是否要投入时间及人力自行开发，便是一项需好好考虑的课题。

决定成败的往往是看不见的东西。软件往往都不是问题，问题都出在实施过程中。软件成熟虽然很重要，咨询顾问和实施顾问的成熟度更重要。软件也许很强大，但是在推行知识管理初期，相比之下，组织自己却很弱小。

所以，组织不要过于关注看得见的，而忽略真正决定成败的看不见的部分。

60. 不了解知识管理系统规格时，怎么采购？

组织在采购知识管理系统前，一定要针对知识的来源，以及各来源的知识特性（显性或隐性特质）进行了解，并针对组织现况与未来的知识管道进行整体考虑。通过知识盘点，才能采购到更符合组织需求的知识管理系统。

目前国内各信息厂商的知识管理系统都已趋于成熟，项目团队可以主动联系各家软件厂商，邀请他们参与投标，并提供基本规格及选购项目，如果能提供系统未来发展计划更好。

十、系统构建

61. 文件上传到知识管理系统是否有一定的字段或格式？

并没有一定的标准，表6是可参考的范例。文件的标题、版本、提供者、发表部门，以及摘要与关键词都应建立。虽然有些软件工具可以进行自动摘要分析，但还是要事先设定一些关键词，以便日后可作全文检索。

表6　文档上传界面参考项目

标题	所属行业
版本	所属领域
提供者	所属项目
作者	内容简介
发表部门	标签

续表

文档分类	有效日期
资源来源（原创、转载）	权限

62. 组织既然强调知识共享，是不是信息安全就不重要了？

当然不是！

知识分享和信息安全，两手都要抓，两手都要硬。

知识分享都是有范围的，比如组织内部、员工之间、组织和客户之间，如果分享给竞争对手了，那不是很危险的事？

很多组织会因预算因素而考虑使用免费软件，此种做法可能没有充分考虑信息安全问题，相当危险。

信息安全相关议题，可分为系统管制、文件管制及其他三方面。

（1）在系统管制层面，应考虑用户的机密等级、权限，与使用地点；

（2）在文件管制层面，应考虑用户是否有阅读、下载、转发、打印文件与截取画面等权限；

（3）其他信息安全机制上，对于防火墙、病毒、黑客入侵等也应要有一套完整规划。

【小段子】

一农户在杀鸡前的晚上喂鸡，不经意地说："快吃吧，这是你最后一顿！"

第二日，见鸡已躺倒并留遗书："爷已吃老鼠药，你们别想吃爷了，爷特么也不是好惹的！"

说不该说的话，就是这个结局。不能让当对手知道你的决定，否则，对手就能做出对自己最有利的决定。

这个故事告诉我们：保密、信息安全，非常重要！

63. 怎么对组织内部的"机密"进行分级管理？

不同的组织，对于信息安全的要求不同，在信息安全方面严加防范的，最有名的企业是华为。有的组织认为，除了某些核心技术方案，其他都应该公开，组织内根本就没有机密；有的组织是由高层或专家来决定开放程度。

组织在设计机密的分级管理时，可以充分考虑组织自身的情况，设定自己的分级制度。重要的不是机密，而是为什么机密。这个问题的关键在于需要回答某个机密为什么成为机密，是因为别人真的没有？是因为竞争对手学到了组织就没有优势了，还是因为其实外面早就有了，而组织自以为是机密？

信息安全的一个误区是：组织常常把太多根本不是机密的信息当成机密一样看管，结果耗费了大量的人力物力财力。

64. 怎么建设专家黄页？

由于专家通常比一般员工掌握更多的知识，所以专家的知识分享就很重要。在知识管理中应该以建设专家黄页为重点，能够快速见效，促进知识从专家到员工之间的流动，激励员工的参与。

专家黄页必须包括下面一些资料：

（1）基本的数据。包括学历、工作经历、项目经历、专长领域、兴趣、著作或专业文章等等。

（2）知识成果。每位专家在组织内部的培训记录或外训记录都需清楚记载，包括讲义、心得报告与专业成果等。如果有视频或录音会更好。

（3）知识分享。如果专家有参与知识社群，进行过隐性经验的传承活动，或是当过哪些社区的版主，都可以列在专家黄页里面，以促进知识的问答交流。也可以在专家黄页直接链接到知识问答等页面，进行全方位整合。

十一、知识管理法宝

65. 大、中、小型企业，知识管理的推行方式有没有差异？

针对大型企业与中小型企业，知识管理的核心，比如驱动知识流动、鼓励知识分享、组织学习、思考创新、知识工作者的自我实现与价值肯定等，是不变的。但是推行知识管理的流程与技巧，组织架构的设计等，将会有很大的差异。

相较中小型企业，大型企业需要特别注意的是：

企业员工分布越广，尤其是跨国企业，须考虑文化差异、沟通形式、知识价值差异性。同样地，员工人数越多，思想越多元，价值观点也越不一样。因此，如何在企业总部设定方向明确的目标，但仍保留足够弹性给不同国家、不同地域、不同价值的知识工作者，是整个实施过程中需要特别留意的。

而中小型企业，则要注意快速见效，由于人相对较少，沟通起来相对容易，所以推行难度相较大企业要小些。

66. 小型企业怎么进行隐性知识的挖掘？

小更要专注。

小企业更要专注在自己核心的业务上，其他与核心业务无关的事都应该少做甚至不做。即使要做也要选择一个非常简单的方式着手。所以，知识管理必须以"抄"与"钞"为基本原则。抄可以解释做山寨，钞是钞票的钞，小企业的知识管理要注重带来收益。

有一些秘诀可以借鉴：

（1）让每个人都整理出自己的心得；

（2）从核心业务的SOP（标准作业流程）开始收集大家的最佳实践；

（3）请专业的人帮忙整理流程；

（4）从读一本书开始，然后"依葫芦画瓢"。

67. "知识库、知识社群、知识专家"这知识管理三宝指的是什么？

知识库、知识社群及知识专家称为知识管理三宝，这三者是构成知识管理的核心架构。

◇ 知识库（Knowledge Repository）是组织知识存放的地方，其功能是将知识汇聚，以成为提供分类、搜索、分享与个人化的知识存储中心。

◇ 知识社群（Knowledge Community），和实践社区（又称实践社团）意义接近，是指"这样一群人，他们有着共同的关注点、同样的问题或者对同一个话题的热情，通过在不断发展的基础上互相影响，加深在这一领域的知识和专业技术"（埃蒂纳·温格《实践社团》中的定义）。

现在，由于网络的发展，知识社群已经成为通过网络社区的互动和分众特色，再搭配上实务社群的运作，让内部员工与其他具有相同专业领域或对该专业领域有兴趣的跨部门同事，进行互动并创造知识、分享知识的平台。

◇ 知识专家（Knowledge Experts）是指在某一专业领域具有专业知识、技术、能力或经验的人。

68. 知识管理三宝在组织里怎么运作？

知识文档会依照知识分类收集储存于"知识库"，组织员工可通过检索与搜寻功能快速获得所需文件。

员工的观念、想法或意见可于"知识社群"作相互讨论与分享。

"知识专家"则是组织内员工学习与咨询的对象。

"知识库"、"知识社群"及"知识专家"三者具有关联性并彼此联结，例如："知识库"文件可于"知识社群"中引起较多员工的回响，"知识社群"的讨论精华则可转为知识文档储存于"知识库"，员工请教"知识专家"指导"知识社群"的讨论重点、解答其对知识文档的疑惑等等，呈现组织的知识流动状况。

69. 都说导师制好，可是怎么具体实施呢？

导师制是很多组织里行之有效的知识传承办法，通过师带徒的方式，既可以把优秀前辈的经验传递给新员工，让新员工快速上手，同时也通过新人的带领，培养了优秀员工的领导力，可谓一举两得。

在具体的实施过程中，可以在新员工入职时，就给新员工指定导师，导师的遴选要严格，必须是绩效较好的员工才能担任，同时要在组织内宣扬导师文化，让员工明白，能够成为导师是一种荣耀。

要给导师制订考核标准，比如可以是新员工的转正率。

在新员工见习期满，通过评审后，可以给导师颁发奖金。

在设计知识管理平台的时候，结合人力资源管理流程，可以在员工入职流程中就有指定导师的选项，从而使流程和知识结合起来。

【榜样】

中国历史上，最好的导师，你知道是谁吗？

是萧秋水——的老乡——孔子！

在那个通常只有贵族子弟才有资格受教育的时代，孔子他老人家打破了教育垄断，开创了私学先驱。他学而不厌，诲人不倦，有教无类，因材施教，而且学费不高——只收一点干肉什么的。据史载，孔子弟子多达三千人，其中贤者七十二人，其中有很多都成为了各国的高官栋梁。

70. 什么是AAR？怎么进行？

AAR（After Action Review，行动后反思），是美国陆军提出的一项军队学习方法。其目的在于学习，而不是奖惩；重点是接受经验快速行动，而不是反复地分析。彼得·圣吉在《变革之舞》一书中反复提及AAR机制达9次之多。

六步法的AAR简洁明了：

（1）当初行动的意图是什么（What was the intent）：当初行动的意图或目的的为何？当初行动时尝试要达成什么？应该怎样达成？

（2）实际发生了什么（What happened）：实际上发生了什么事？为什么？怎么发生的？真实地重现过去所发生的事，并不是容易的。有两个方法比较常用：

A. 依时间顺序重组事件；

B. 成员回忆他们所认为的关键事件，并优先分析关键事件。

（3）从中学到了什么（What have we learned）：我们从过程中学到了什么新东西？如果有人要进行同样的行动，我会给他什么建议？

（4）可以采取哪些行动（What do we do now）：接下来我们该做些什么？哪些是我们可直接行动的？哪些是其他层级才能处理的？是否要向上呈报？

（5）立即采取行动（Take action）：知识存在于行动中，知识必须通过应用才会发挥效用，必须产生某些改变才是所谓的学习。

（6）尽快分享给他人（Tell someone else）：谁需要知道我们生产的这些知识？他们需要知道什么？怎样把有用的知识有效地传递给组织内其他需要的人？

可以在组织内建立AAR的习惯，在每个较大的行动后都采取AAR方法进行总结反思，并把结果记录在案，精华上传到知识库中，成为组织内宝贵的知识积累。

【延伸资料：美国陆军知识管理】

军队是非常讲究知识管理的地方，因为战场上可不认纸上谈兵，那是腥风血雨刀光剑影的地方，知识管理做不好就容易丢掉性命输掉战争，所以军校、军队很注重知识和技能。

DAOchina翻译了一个很棒的《美国陆军知识管理》系列，在线阅读地址：http://www.daochina.com/Consulting/Index.asp （页面右下角），有兴趣的读者可自行前往阅读。

71. 什么是最佳实践?

最佳实践（Best Practice），是一个管理学概念，认为存在某种技术、方法、过程、活动或机制可以使生产或管理实践的结果达到最优，并减少出错的可能性。

每个人在他的岗位上都需要知识，每个人做的每件事都有可能提供一种知识的最佳应用，而在工作开展的过程中，如果能够及时知道组织内存在的最佳实践，就可以节约自己摸索的时间，直接应用。

知识管理有一个很重要的任务是建立一种机制，通过机制来自动发现知识在实践中的最佳应用，并确保这样的最佳应用能够被更多人学习，并在学习过程中得到完善。

比如MAKE大奖的评选，其实也就是在知识管理界寻找到知识管理的最佳实践，通过推广后，可以供类似情况的企业借鉴。

72. 知识管理推动过程中，需要举办知识管理活动吗?

知识管理不是只有一个系统平台就了事，更不是一个虚拟的网络世界。知识管理在人们的脑袋里，与人们息息相关，并且与流程、科技有关。因此，不只平台上的互动，知识管理的社区互动、实体互动与沟通都是很重要的。

举办定期或不定期的知识管理活动，可以让员工加深对知识管理的认识，使更多人感兴趣参与进来。

活动的组织，并不仅限于知识管理部门人员发起，知识管理部门也可以提供平台，协助有兴趣的员工发起活动（见图8）。

图8 知识管理宣传招贴画

来源：网龙公司

73. 哪些活动可以融合到项目中来，从而推动知识管理？

知识管理的推动过程，可以是非常有趣的，比如：

◇ 读书活动

◇ 技能大赛

◇ 寻找"隐形高手"

◇ 公司"达人秀"

知识管理团队要团结一切可以团结的力量。所有的活动都是促销活动，都是为了"知识管理"项目目标的实现。

不过需要注意的是"活动疲劳症"，过多的活动可能会使员工产生逆反心理，所以要把握好活动的主题和节奏。

知识管理团队需要多请教促销专家，活动组织方面，需要整合资源，并不是任何事情都需要知识管理团队自己去做。知识火种、社区版主可以在这里面发挥巨大作用。

除了轰轰烈烈的活动以外，"随风潜入夜，润物细无声"的方式也会起到很好的收效，比如网龙公司在很多地方都张贴了鼓励知识分享的小漫画，甚至在卫生间的门上都有，这些可爱的漫画、温情的提醒，会使员工不自觉地受到影响。

幽默的宣传语，也能让员工会心一笑、易于接受。比如@Kmpro知识管理王振宇 说的两条：

知识是内裤，看不见但很重要。

脑袋空就容易进水。

很可乐，又有实理。（当然要注重应用场合☺）

74. 要不要举办知识应用发表会？

知识管理的推动若是较为积极，可以举办知识应用发表会，时间频率看组织情况而定，可以是一个月一次，也可以是一个季度一次。

通过知识应用发表会，分享各个单位的知识管理怎么推广及应用？是否产生效益？有哪些成果出现？如果本企业的成果不足，也可以分享国内外的项目经验，知道别人怎么做的，对本企业也会起到激励作用。

发表会活动举办完毕后，可以把相关过程记录和结果等，上传到知识管理平台，引发更多人的关注。如果发表会时间不够，或数据不足，会后还可以在知识管理平台上继续补充数据。

75. 部门级的知识管理怎么进行？

如果总公司有既定的方向与策略，各部门应优先配合总公司的整体进度与规划。

如果总公司能给予各单位依各部门重点工作流程、自行规划知识管理子项目的授权，则可以让知识管理与各部门的目标一并结合来施行，对各部门的知识管理更有意义，也更容易成功。

知识管理并不是非常复杂的事，对部门来说，养成计划、总结的习惯，制订统一的工作规范、操作指南，就是知识管理，部门内部的分享、交流、共同学习，也是知识管理。在一个组织里，部门或者项目组是推行知识管理的业务单元，整体的知识管理，是要通过部门级知识管理才能落到实处。

在本书附录里，给出了一些计划和总结的模板、邮件的规范和发送检查清单，日积月累地做好这些简单的事，也就是在进行知识管理。

76. 销售部门的知识管理怎么推行?

众所周知，中国企业的销售部门由于其特殊性，知识管理通常比较难。销售部门因为通常是给公司直接带来收益的部门，所以特别牛，对于知识管理，往往不屑一顾。

但销售部门的知识管理对企业又非常重要。经验的分享和传承，可以帮助公司扩大销售额，提升效益。

对于销售团队，网友@中谛 分享了两个极其管用的、不花钱的方法：

（1）签单书面总结。每签成一单，必须作书面、理性总结。如果积累下来100个签单总结，新人入职看完这100篇总结，那是极其有帮助的。

（2）每次培训。要写成书面的培训总结，最后变成公司的"招式大全"的武功手册、武林秘籍。

需要注意的是，这个必须是销售团队的一把手直接推动和示范。人力资源和知识管理的人来做，基本没戏。必须形成硬性制度，强势坚持执行。销售团队的一把手直接把关，并且作为第一责任人。

当然，签单总结怎么写？也是极其重要的。如果变成了形式主义，也起不到作用。

对销售人员来说，除非得到甜头，不然极少有人愿意主动写。所以，初期一定是销售一把手强力贯彻，一定是大有苦头。等到有了10~20篇有点样子的总结，大家开始有点甜头了，慢慢大家就都愿意写了。

另外非常重要的一点是，销售团队内部要有良性的竞争文化。否则销售人员谁也不愿意把真东西拿出来，何况有人拿单可能是靠不光彩的手段。

77. 新员工培训课程中要不要加进知识管理?

过去，新员工可能喜欢说："我才来公司几个月，还是个菜鸟!"现在，在新员工进入公司时就可以告诉他们，时代变了，他们有机会在短短几周，看遍公司几十年的历史，学到前辈数十年的精华。

因此，在新员工培训课程中，加入知识经济、知识管理、知识工作者的基本观念和相关的方法、工具介绍，是非常有必要的。

在知识管理课程的设计中，建议是一部分介绍公司知识管理的实施情况、介绍公司的知识分享和创新文化、知识管理系统的使用，也要有一些关于个人知识管理的方法和工具，比如怎样快速学习，读书方法，采用哪些工具可以起到更好的帮助作用，这样既可以使新员工成为知识分享的一员，也让新员工通过工具的掌握切实感受到知识管理的好处，提高工作效率后，会有更大的积极性，对于公司业绩，可以起到促进作用。

78. 为什么培训的效果很快就会消失？提供工具有帮助吗？

通常来说，一堂培训课，如果没有切实的工具或者实用的方法提供给培训者，而纯粹是理念，根据记忆衰退原理，效果很容易消散。

培训所起的作用就是"让员工知道"，培训不可能实现"做到"的目标。通过课堂所学到的知识要转化为应用还需要一段很长时间的理解和消化，所以比"让员工知道"更重要的是"让员工做到"，比培训更重要的是向员工提供工具。

比如一堂《个人知识管理》课程，在课程结束后，参与的员工如果立刻应用思维导图、Evernote这样的工具，个人知识管理的理念也会附着在这些工具上，慢慢地，个人知识管理会成为员工的习惯。

拥有48个荣誉博士学位和26项专利发明的美国建筑师理查德·巴克明斯特·富勒（R.Buckminster Fuller）常说："要想教给人们一种新的思维方式，就不要刻意教他们，而应当交给他们一种工具，通过使用工具培养新的思维方式。"

79. "读书会"很有用，但怎么才能办好呢？

读书会可以吸收不同的观念、交换意见并学习成长，也可从中获得不少隐性经验，除可内部交流外，也可进行外部交流。

举办读书会的方式，可以结合实体与网络的好处，既可以在组织内部发起读书会，本部门或跨部门交流，也可以参与网络上的读书会，比如深圳的深圳读书会、后院读书会、读书吧等都是不错的团体。

读书会既可以是一人主讲，其他人倾听、互动，也可以就一本或几本书进行意见交流，如果有条件，还可以邀请书的作者进行交流。比如金蝶协同事业部就曾经邀请《视觉会议》一书的译者@臧贤凯到公司进行视觉会议的现场演示，新颖的会议方式使参与者兴高采烈，现场非常火爆（见图9）。

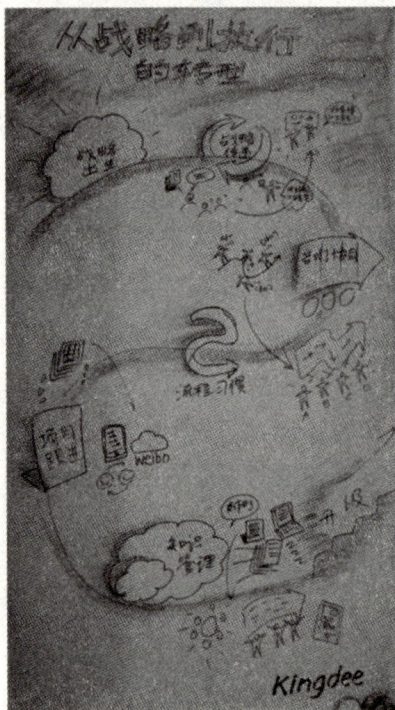

图9　从战略到执行的转型

来源：金蝶协同解决方案事业部

每次读书会都要定好主题，避免话题太分散效果不好。

读书会可以结合知识社群进行，相关书籍介绍、心得都可以发表在社群里，形成知识积累，也会吸引越来越多人参加。

如果读书会所选的书籍是结合实际工作和学习成长的，则会更受到成员的欢迎。

80. 帮助员工提升个人知识管理技能有助于推动知识管理吗？

当然！

当每位员工都懂得先从个人知识管理做起，养成习惯后，再有系统地以知识螺旋的技巧——个人知识分享给小团体，小团体间互相分享加值，接着跨部门分享，最后，将各部门知识整合储存于公司的知识管理系统中，再分享内化到每位基层知识工作者。如此，不仅可以开始扩大个人知识的价值与影响力，也可以顺畅地运行企业的知识管理与分享。

另外，当员工的个人知识管理技能提升后，工作效率提高，重复作业时间减少，不必总是加班加点，员工的幸福感也会提升，不会存在工作与生活的平衡矛盾，对员工、企业、社会来说，都是共赢的好事。

81. 个人知识管理有哪些法宝呢？

○ 勤写

养成将知道的写出来，写出来的分享出去，分享出去的倾听回馈，回馈得到的虚心内省，内省精进后保持长期内化！

○ 思考

再怎么忙碌，也要为自己留下时间思考，思考是否有新工具、新流程、新资源，让自己忙碌的时间缩短，思考的时间变长。

○ 分享

多参与实体或虚拟的知识分享活动，个人的知识，不要吝啬分享给身边的小团体，甚至扩大分享给跨团体、跨组织、跨产业，进行跨界知识交流，有助于创新（当然要注意，别把公司机密给分享出去了）。

○ 取舍

学习在不起眼的碎片化信息与知识海洋中，聚焦寻找自己有用的情报或知识，不被没意义或没价值的信息绊住。

○ 工欲善其事，必先利其器

善用科技与网络上的新工具与新资源，如利用思维导图整理思想、微博分享所见所闻、开放视频网站自我学习、协作平台远距沟通、各式APP工具储存与分享知识。但也要注意，不要成为工具控。工具当然很重要，但是工具不能解决所有问题，而且养成对工具的依赖后，有时候没有合适的工具会成为我们的借口——为了消除（或者减轻）没能持续努力所带来的负罪感。请记住，努力不是学习最关键的因素，持续努力才是真正的学习。

○ 推荐工具列表：

博客

不管是用WORDPRESS搭建，还是用BSP（博客服务商，比如新浪、博客大巴、畅享网等），博客对于记录和分享的作用还是非常大的。

无觅

博客配件。写了博客后，加入无觅网络（http://www.wumii.com ），站内站外的类似的内容会自动聚集，既方便自己管理文章，也方便读者阅读，当然也起到传播的作用。

微博

对于不喜欢写长篇大论的博文的人来说，微博140字的字数限制真是得其所哉，好处就是短平快，随时随地记录思想火花、工作学习生活感悟、各种足迹。

友情提醒：微博并不能替代博客，微博属于碎片化知识，不要让自己的思维和阅读都局限在140字内，养成简单思考的习惯。

豆瓣

豆瓣（http://www.douban.com ）是了解书籍、音乐、电影并进行评论、分享的好地方。什么？还没用过豆瓣？真是out man或out woman啊……到微盘下载《豆瓣读书简明指南_萧秋水.doc》吧，或者直接访问：http://vdisk.weibo.com/s/za7c。

知乎

虽然"百度一下，你就知道"，不过百度比较水，这也是地球人都知道的事，有质量的问答，还得看知乎（http://www.zhihu.com ）。

鲜果阅读器

到每个网站和博客上去看？那已经是石器时代的行为了！在鲜果（http://www.xianguo.com/reader ）订阅你想看的内容，是最高效率的阅读方式。

EverNote

http://evernote.com/intl/zh-cn/互联网上的优秀产品，可以进行各种资料收集，来源于网络、手机、拍照、语音……都可以，是知识获取和存储的利器。

TotalCommander
文件管理利器，应用于Windows系统下，配合搜索软件EveryThing使用，就不用纠结于分类什么的了。

Gmail
邮件管理，还是要推Gmail，虽然，有时候访问不是那么顺畅。好处是不需要安装客户端，自动同步手机端，随时随地处理邮件，合理利用碎片时间。在手机上查看、回复邮件都不成问题，outlook真是out了，不适合移动时代了。（如果考虑到访问不畅这一麻烦，也可以使用QQ邮箱替代，Qmail也是强大的产品。）

Google日历
管理日程，用Google日历是最方便的了（偶尔也会访问不太顺畅），月、周、日的视图，对于日程一目了然，设置好后，可以把日程发短信提醒到手机，在手机上也可以同步，还支持中国农历。

十二、达成共识

82. 为什么要建立组织的知识信条或工作规范？

组织核心价值与道德规范的建立，可以让全体员工有共同的价值观，互相尊重、沟通协调，并且正面回馈每个伙伴的贡献与成就，这是组织迈向成功不可或缺的因素。因此，需要有组织的知识信条或工作规范来协助其回归正面。如惠普（HP）或Buckman等推动知识管理成效卓越的知名企业，其组织都有一些基本信条或知识工作者规范。

外界的变化，日新月异，新事物不断涌现，组织应当密切关注外界变化，及时做出响应。比如IBM面对社交网络的发展，及时向员工推出《IBM社交网络使用规范》，统一的知识信条使IBM雇员对自己在社交网络上的言行进行自我约束，而没有此类工作规范的组织，由于员工不清楚如何发言才是适宜的，甚至会将组织内部情况暴露在社交网络上，给组织带来不良影响。

SOP是Standard Operation Procedure三个单词中首字母的大写，即标准作业程序，就是将某一事件的标准操作步骤和要求以统一的格式描述出来，用来指导和规范日常的工作。成熟的组织，往往有很多SOP，让员工在工作开展的时候，有相应的工作规范可以遵守。

图10　eSOP宣传画

来源：网龙公司

有些小企业，因为没有标准作业的意识，所以通常不注重SOP，但事实上，由于小企业的人才流动相比大企业频繁，更应该做好SOP，这样，当老员工离开、新员工接手时，新员工就可以通过SOP快速上手。

制作SOP的确是要花费一些时间，但"磨刀不误砍柴工"，这个时间还是值得的（见图10）。

83. 怎么建立员工愿意分享的互信与共识？

优秀的企业会拥有具备凝聚力的企业文化，明确的价值观和愿景。

就像惠普（HP）"车库规则"所制订的部分内容："相信你可以改变这个世界"、"分享工具与点子，信任你的同事"、"不玩政治、杜绝官僚"、"相信只要团结便可以成就任何事情"。把这些观念当作组织的核心价值与道德规范时，就会成为一种信念、成为大家的共识。

而信念也需要落实在行动上，可以通过多种方式来进行，比如读书会、知识分享沙龙、知识社群中的兴趣圈等。

十三、分享文化

84. 组织内部信息都是机密，怎么分享？

很多人认为分享会把组织的机密泄露出去，这是因为没做好分类与机密等级的管理办法。只要做好知识分类、用户等级分类，并设定应有权限，搭配系统的文件安全管理机制，就不容易在系统平台上将机密泄露出去。

不过，组织还是要以正面的角度，相信员工知识分享的行为，让员工能与组织互信，建立道德默契，毕竟掌握人心才是防止机密外流的最后一道防线。

最好的安全措施，是员工对组织的归属感。

85. 为什么高层要带头分享？

从企业获利的角度来看，知识管理并不是一个可以立竿见影的项目，因此，高层的支持对于推行的团队有鼓舞的作用。而高层的支持方式，除了预算经费与资源提供之外，还要以身作则，主动参与知识贡献与知识分享，这样可以消除一般基层员工对分享文化的疑虑。若再加上高层本身的策略参与、具体实践，在重要会议上不断宣传知识管理的必要性，并且在重要的知识管理活动出席，上行下效，成效将更显著。

【好榜样】

前奇虎员工@黄志光 在知乎分享：

在工作中，我对周鸿祎记忆最深刻的是我们基本每个月甚至每个星期都能收到周鸿祎送的书或者对书的推荐，而且不定时的会收到周鸿祎发送的邮件，经常一收就是数封，这些邮件大都是开拓思路的分享。可以说，3721包括奇虎的很多产品经理都是跟着周鸿祎一起读书成长的，当然，这其中成长最快的往往是他自己。

86. 同事说工作太忙没空配合知识管理怎么办？

如果同事都说工作太忙没时间，知识管理项目团队可以让知识管理与工作结合，让知识管理成为工作的一部分，使同事没有借口不配合。

当同事们说太忙的时候，知识管理项目团队切忌有抵触情绪，认为同事是不配合自己的工作，要站在对方的角度，多为对方着想，提供对方所需要的知识，改善对方的工作效能，使对方主动积极地参与。

此时，部门主管要发挥好带头作用，身体力行，可以让本团队的成员也共同参与知识管理。

杰克·韦尔奇在《赢》一书中曾提到："一个主管一定要时时保持旺盛的活力，让你的同事时时看到你正面的能量。"

87. 全员分享指的是什么?

通常，人们会认为，如果做到全员分享，知识管理就算是成功了，而对于全员分享，又如何定义呢?

普遍来说有以下观点:

○ 全员都可以读到某份文档。

○ 全员都可以自由地获得他想要获得的知识。

○ 全员都可以随时获得必需的知识。

全员分享的问题不是给予而是使用。知识管理部门可能会拼命地想方设法把知识呈现在每个人面前，可大多数人都不领情，也不会去使用它。所以要改变的往往不是分享的理念，而是分享的手段。不是内容的分享，而是分享后如何应用。

要警惕的是，不要把全员分享做成"政治任务"，下达分享指标只会坏事，容易使知识库沦为"垃圾库"。知识管理且忌急躁，应当稳扎稳打，时刻谨记为用户提供价值，不做"面子工程"。

88. 仅有部分同事参与分享，怎么才能达到全员分享的效果?

在《第一百只猴子》（船井幸雄著）一书中提出一个观念:当从事某种行为的个体数目达到一定程度的时候，就会超越距离空间的限制，从原来的团体散布到其他地区。

在知识管理推动的过程中，一开始或许只有二三人会主动分享，但通过提供给同事的一些鼓励或激励诱因，可能就会提升到总人数的60%，再通过绩效评核要求，可能又提升到90%，而剩下的10%就可以不必特别在意，因为组织中该淘汰的人员也应趁此淘汰，才能让组织不断进步。

　　在知识管理、大自然中都存在一个瓶颈，瓶颈压力一过，就会突破目前的现象。

第三阶段
应用期

◎ 知识库
◎ 知识社群
◎ 知识专家
◎ 沟通回馈
◎ 激励措施
◎ 绩效评估
◎ 总结反思

十四、知识库

89. 在知识管理中文档有什么价值?

文档,是知识的一部分,是沉淀隐性知识的一种手段,先留下以待挖掘;文档也是一种模板,可以重复使用;是显性知识的显现方式。

有人认为知识库中的文档无用,因为大部分文档都没有人查阅,这是与知识上传、审核有关,而并不是知识库本身的缺失。

形式是内容的一部分,知识以各种方式存在,不同的方式有不同的收集成本,也有不同的效用。碎片化知识使用方便但整理成本高,文档是对各种知识的结构化、系统化整理,从收集、整理、应用等多个维度都有其独到的优势。

90. 知识库对企业到底有什么意义?

每一个企业都需要一个"知识库",向员工和顾客提供服务,以解决认知(是什么?为什么?怎么做?)的问题。这个过程可以被看成是专业学习的过程。

一家广告公司需要向员工和顾客提供"什么是广告?如何做广告?"的知识;一家软件公司需要向员工和顾客提供"什么是软件?软件怎么用?"的知识。

知识库不是知识的集合库,而应该是向员工提供帮助、提升绩效的智慧库。知识库应该有一个"根据需求情景提供知识"的机制,这就是"一类问题的解决方案"。员工培训的核心也不是关于原理的培训,而应该是关于"如何应用知识来解决什么问题"的培训,这种培训的核心就是"如何利用方法、工具解决问题"。

91. 怎么把知识的价值和必要性以直观的方式展现出来?

对知识的价值和必要性的判断,不应是知识管理项目团队的判断,而应该是知识使用者的判断。

了解使用者的需求、习惯,再去设计知识的展现形式。要充分拉动业务部门的人员参与,拉动知识供需双方的交流。

一般来说,知识地图可以给出知识概貌,系统化、全局化,而知地图的编制，同样应该是专家、业务部门进行，有时候需要用到美工进行设计，以让知识地图的展现形式更美观。

从知识输出的角度，有些知识是知识输出部门力推、希望知识使用者重视的，在知识门户里，就应该给出显眼的位置，让使用者注意到。

知识排行榜也是非常好的方式，下载量、好评度都可以作为入榜标准，对于知识输出部门也会形成攀比和激励。

在培训中，也可以强调知识的重要排级。同时，在培训过程中，也可以加强知识鉴别能力的培训，因为，能够对知识进行辨析是灵活利用知识的前提，也是有效利用知识进行创新的基础。

92. 为什么需要进行知识分类呢？分类的好处是什么？

最早对知识的分类主要是为了归档，以便于寻找和使用。在强大的搜索引擎出现之后分类的重要性有所降低，但仍然有必要存在。

知识分类可以帮助企业更清晰地管理知识，方便制作知识地图，让对知识领域不够熟悉的员工，在找不到合适关键词进行搜索的情况下，也可以通过知识地图、知识分类，了解知识的整体脉络，找到自己需要的知识。

搜索引擎可以解决已经知道一部分知识，或者一点线索的问题，而知识分类可以解决从未知到已知的问题。比如，你虽然不知道一个长着圆圆的头、尖尖的嘴、两只销魂的大眼睛、脚长在身子最下面、直立行走的动物叫什么名字，但可以用这些特征做关键词，用搜索引擎找到它的名字叫企鹅。而你学习知识管理的时候，根本不知道有个词叫隐性知识，你就没办法进行搜索，而可以在知识分类中找到。

通过知识分类，还容易发现知识之间的联系，这时候的分类价值就是通过知识之间的内在联系进行知识创新。而通过认识知识之间的联系，还使我们的学习更加的有效，不但看到点，也可以看到面。

另外，通过知识分类，企业也可以快速地判断出哪些是核心知识，哪些次之，如此，优先级、重要顺序就很容易确定。

93. 怎么制订知识文档的价值评估标准？

组织必须自行决定知识文档的价值评估项目及评估方法，并没有一定的标准答案。不同的组织判断方法是不一样的，比如在软件企业里，

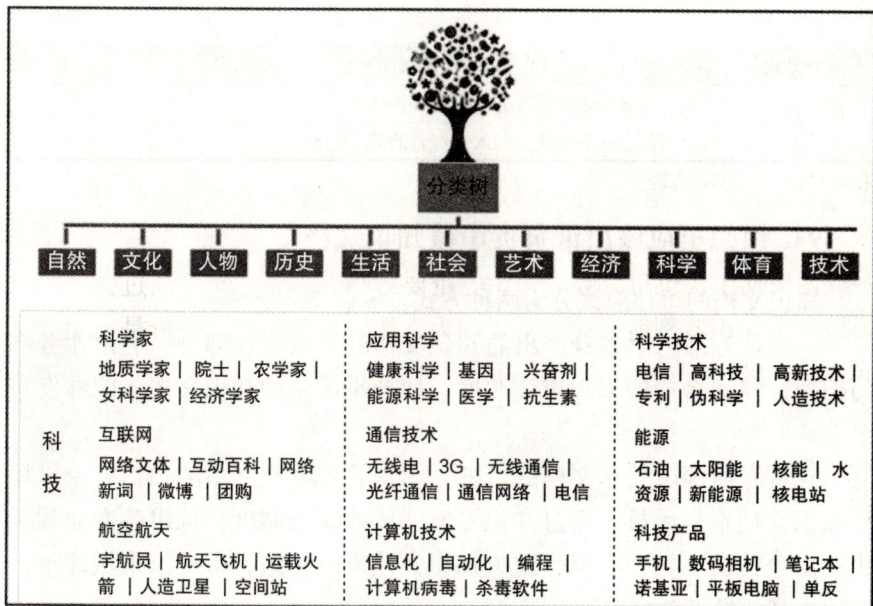

图11　互动百科的知识地图

来源：互动百科

源代码是最高机密之一，开发文档非常有价值，而在使用开源程序的一般企业，那些代码就连机密都算不上。

可参考下表范例。

表7　知识文档价值评估项目范例

评分类别	评分标准	评分
内容质量 （30分）	易读、易懂、易学、易用、正确（10分）	
	具备即时性、定期更新、有中长期效益（10分）	
	具备系统结构性，或与主题知识相关（5分）	
	密级与分享程度适宜（5分）	
知识应用 （30分）	有助于员工提高工作效率、效能（10分）	
	可强化员工素质与竞争力（10分）	
	易于复制使用，水平推广（5分）	
	具备专业性与独特性（5分）	
价值效益 （25分）	可成为员工成长与持续学习的典范（10分）	
	改善企业流程，达到资源整合的目的（5分）	
	有助于提升顾客满意度（5分）	
	与企业获利相关，可直接利于财务回报率（5分）	

续表

评分类别	评分标准	评分
前瞻创新 （15分）	产品、服务与管理流程方面具备开创性（10分）	
	符合当前企业发展潮流与未来经营趋势（5分）	

来源：陈永隆《知识管理》

94. 组织里应该由谁负责审核知识文档?

知识文档的审核应该分为两种方式。

一是业务部门对本身产出的知识文档的审核。这部分，需由业务部门把关，建立企业的知识审计制度，使合乎质量的知识文档才能够发布出去。

二是专业领域共享文档的审核。知识管理三宝之中的知识专家可担任知识文档审核委员。通过知识专家选拔或认证制度，选出各专业领域表现出色的员工担任专家，组成知识文档审核小组，由专家来做评审，公信力高，员工也会信服。

除了正式的审核之外，对于知识管理平台中的员工共享知识文档，下载量、评论量、收藏量等也是非常好的指标，虽然没有经过正式审核，但代表了员工们的认可度，可以列出排行榜，再由知识专家进行审核，优秀者可以进入知识库，成为精华文档。

通过以上方式，可以避免知识库成为垃圾库，而尽可能地保存精华。

95. 员工不提供知识文档，怎么办?

员工不提供文档的解决方法有很多种，每个组织的做法都不太一样。

有的组织仍然希望是员工们自发性的提供，有的组织则采用奖惩的做法。

一般来说，有下列几种方式：

○ 项目负责人的态度：项目领导者应该表现更为积极，积极不代表高压、强势。当大家看到项目领导者展现的负责态度与企图心，并且以身作则时，慢慢的员工们也会愿意配合。

○ 由组织的管理部门负责制订提供知识文档的管理规范。

○ 设立绩效指标并进行评估。

○ 搭配关键绩效指标进行推广。

○ 给予愿意提供知识文档的员工奖励，没提供的员工则进行惩罚，将激励（胡萝卜）与绩效评估（大棒）二者搭配运用。

○ 在知识管理平台中设立知识积分等奖励机制，员工上传文档可获得知识积分，而下载文档则需要付出积分，积分同时可以兑换为实物或奖金，也是不错的杠杆。需要注意的就是知识积分要有赚取途径也有花费途径，否则容易形成通货膨胀，失去虚拟货币的公信力。

96. 怎么把知识和人联系到一起?

知识本来就是由人产生和使用，知识管理可以建设让知识快速流通的平台，给员工带来好处。员工不提供知识文档，有时候就是因为看不到好处。

许多企业推行知识管理，将重心全放在买一套好的系统，这是不容易成功的。知识管理推动过程中，如何让员工找到自我成就、自我实现、自我肯定的价值，加上公司适当的鼓励机制和措施，让拥有知识的人，在工作的过程中，同时创造知识、保存知识、使用知识，效果将比让员工一面忙着日常该实施的项目，一面埋怨为何还要忙知识管理来得有效果。

简言之，让知识管理与每天的工作流程结合，让知识拥有者在分享知识的过程，也同时实现自我成就自我满足，并且，当员工需要知识的时候，能够快速找到，应用于自己的工作，快速产生成果，就容易让知识与人成功挂钩。

97. 是什么原因导致知识库中有用的文档太少?

通常可能有如下原因：

○ 当初收集的时候就是滥竽充数。

○ 提供文档的人不是专家。

○ 没有结合实际工作需求进行文档收集。

○ 内部的人不提供有用的文档。

每家企业的原因可能各自不同，调查清楚原因就可以对症下药。

另外，多等于少，甚至比少还可怕，因为可能导致精华知识难以被发现。这是知识管理中一个致命的问题，就是知识过多的时候的效用等于知识少的时候的效用。多不一定就是一件好事，恰到好处的适用才是关键。

98. 怎么让知识库里的文档活起来？

要让知识库里的文档活起来，其实关键还在于人活起来，不断地产生新知识、传播新知识，促进知识的流动，所以文档库一定要有UGC（用户产生内容）的系统机制和奖励机制，让每个人都积极地参与进来。

其实网上有不少优秀网站值得学习借鉴。豆瓣就是一个非常好的案例。

另外，在知识库管理制度中，要有文档生命周期管理，过时的、不再有价值的文档，可以进入历史库，除非特殊调用，不会出现在分类或者搜索结果中，这样，可以保证文档的"新鲜度"，当然这需要付出一定人力，但是是值得的。

99. 组织内要不要专门设立一类"批评性的知识"？

批评性的知识，是指对组织观点提出质疑甚至是反对观点。

知识管理有时候并不是让人非常愉快的，尤其是对失败的总结，对批评的面对。设立这样的知识库，可以帮助组织保持清醒；也体现了组织的开放心态，有则改之无则加勉。如果因为担心混淆组织判断，或导致下属无理取闹，这就需要从企业文化、管理制度等方面做好引导和约束。

企业内部不存在绝对的真理。如果这个论点不会有人反对，那么组织就必须主动地建立一种机制来消灭伪真理。不论是什么样的人来当这个角色，管理者都必须有承受批评的胸怀。

100. 知识库要不要收录外部专业文档？

即使是外部知识库（如中国知网）都已经有了外部专家文档，所以将外部专业文档存放于组织知识库，仍有其必要性，建议是：

（1）和本行业相关的专业出版物都要；

（2）最好能够拿到世界范围的专家最新文档；

（3）所有岗位上所需技能相关的知识都要收集。

韩信用兵，多多益善。看起来有点撑的感觉，但如果成本没有问题，资源没有问题，系统的知识要比单一的知识效用大得多。系统性不仅仅是思考的高级方式，也是知识的高级存在方式。

另外，存放在外部的知识，有时候会产生"断链"现象，即要访问的时候，发现源文件消失了，而存放在内部，则可以避免这个问题。

专业的外部知识库如中国知网、万方数据知识服务平台和畅享网的KNET，专业机构的分析报告如计世资讯行业分析等，都需要购买才能使用，而且价值不菲，不过对于大企业来说，从投入产出来看，只要能够在工作中发挥作用，给企业带来可观效益，这个投资就是值得的。

101. 能不能把审核知识这件事都交给计算机来做？

在《黑客帝国》还没有成为现实的今天，计算机还没办法评审出知识的价值，因为计算机不会行为学习或举一反三，一定要依靠人为输入固定的规则命令。依据目前软件的成熟度，计算机已可提供自动摘要、自动分类等相关的数据，如BI（Business intelligence，商业智能）系统可作为决策者的参考或建议，但还没办法替人进行决策。

让计算机做它擅长的事，比如重复的、单调的和大量运算相关的，而把知识工作者解放出来做创新性的工作。但不能指望把所有事交给计算机——起码在目前的阶段是这样。

十五、知识社群

102. 组织需要哪些知识社群？

一般来说，大多数的组织都是依照项目或依照专业领域来建置知识社群。建置社群的好处，是可以提供一个能够跨部门与不受时间限制的虚拟沟通平台，如果没有涉及组织机密，员工们就可以在社群中分享相关的想法与意见。

关系基于活动。人与人之间的关系是需要维护的，是以"生产活动"为基础的，不论这样的活动是满足人的什么需求。没有这样的需求就不可能有社群存在，所以需要问清楚的是：

"这个社群解决了什么问题？"

"替代了什么东西？"

"这个社群给组织和员工带来哪些好处？"

【案例】

IBM公司用自己的企业协作软件Connections建立了43万人的档案，拥有4万个活跃博客作者，并就公司覆盖的所有行业和专题建立了2.9万个社群。

在社区里，IBM全球员工可以自主组建基于团队、项目、产品、话题等的小社区。如果IBM的员工想做一个项目，但是项目组成员分布在不同国家和不同时段时，他们可以建立一个小社区，保证项目7天24小时不间断运作。IBM中国区域品牌及传播总监申小乙说："我的团队经常频繁使用Community，以前做了一个项目，后面再有其他同事参与的时候，很多资料要发给他很麻烦。现在，我们可以就某一个话题把相关的资料都放到网上，所有人都可在在网上共享资料，大大提高了工作效率。"

资料来源：《IBM力推社交网络》和《IBM如何使用社交协作工具》

103. 怎么发挥出知识社群的应用价值？

社群版主和社群核心成员应协力将社群里的讨论发言内容，有条理地汇整到精华区，并定期将精华区里的内容重新筛选编排，再通过知识文档审核机制送入知识库。

另一方面借由知识专家制度的建立，将员工的核心知识依专业程度区分等级，每个等级除了有对应的课程或知识库，也有对应的知识社群。

员工们经由多元化的途径学习到的新知识，应用在实务工作上，势必大大提升个人及组织的整体竞争力。

104. 知识社群由哪些要素构成？

通常来说，知识社群需要具备以下要素：

○ 有影响力的中心人物。

○ 定期的主题活动，包括了线下的讨论和聚会。

○ 技术平台以提供快捷的互动。

○ "病毒传播"，这是社区活跃的关键。

105. 知识社群的核心是什么?

知识社群的核心是礼品经济。经济这个词让大家联想最多的是盈利，礼品这个词让大家联想最多的是赠送，这两个对立的词放在一起构成了有趣的"先分享，自然而然有收获"的新经济模式——越分享越有影响力。

凯文·凯利（Kevin Kelly）在台北演讲时说："分享所带来的虚荣，迟早会打败大家对隐私的顾忌。"

106. 知识社群议题为何就是炒不热，动不起来?

基本上，知识社群运作初期，组织与各个社群相关的部门皆必须投入社群的推广与倡导工作，尤其是知识管理项目团队，要起到带头羊的作用。

炒热社群秘诀包括:

○ 可以成立一个社群版主的ＱＱ群或者单独的社区版块，让各个社群版主可以从中讨论请教，找到最佳的经营方法。

○ 决定适合的社群名称:可以取一个吸引人的社群名称，建设社群文化，带动人气。

○ 偏技术层面的议题，有时候是因为了解的人员少，有时候是因这个议题本来就不容易进行社群分享与互动。通常需要找到技术大拿来参与社群，会形成很强的向心力。

○ 属于项目性质的社群并不一定非要有热烈的讨论或有很多人员发言，只要能够达到协调沟通或是解决问题的目的，就是一个良好的社群经营成果。

○ 社群运营除了虚拟网络的互动之外，也需要搭配实体的互动。例如实体的聚会、学习和娱乐活动，促进社群成员彼此认识、加深感情。

○ 社群版主背后是否有赏罚机制，也是员工是否愿意参与的影响因素。如果有可能，不妨把参与社群的经历作为员工升职等的加分因素，这样可以激发员工的积极性。

○ 社群的成效通常无法很明显地看到，虽不必刻意去强求，但事前仍要设定适当的经营目标，才能分析与不断改善。网络社群有非常好的运营指标，如流量、用户黏度等，可以在设定目标后，定期查看数据分析报告，及时调整社群运营策略。

十六、知识专家

107. 知识专家名单从哪里获得呢？

除了通过知识盘点得知组织内部知识专家名单外，项目团队也可以请人力资源部门提供绩效评核成绩，从优秀绩效的员工名单中寻找专家。

如果组织的人力资源管理系统已建置核心职能数据库，记录每位员工的专业领域等相关资料，专家人选就较易决定，不会有太大争议。

通常来说，由部门经理直接在部门内选择优秀的员工列入知识专家名单中，是较好的方式。

这部分没有一定的准则，全由组织自行决定。不过要注意，有一类专家叫隐形冠军，他隐藏在民间，就像《天龙八部》里的少林扫地僧。虽然没有正式的头衔，但是大家都知道什么事应该找他，什么事应该交给他。所以，要避免对专家的定义太过狭隘，不仅要采用显性标准，还要采用隐形标尺。

108. 担任知识专家有什么好处？

担任知识专家，首要好处就是帮助其他员工解决问题，将工作经验分享回馈员工，通过与其他员工的交流互动，使知识在组织内有效流动，促进组织效益增长。

另外，分享也会让知识专家的专业技能再成长，也有益于培养专家在组织内的个人品牌。

从人力资源的角度，可以将员工是否担任知识专家的经历，订为升职、加薪的基本门槛。

109. 知识专家的运作流程是什么？

当知识盘点完成，或通过人力资源单位协助确认知识专家名单后，项目团队应通知每位知识专家填写个人相关数据，以便输入专家黄页系统。有些数据可由人力资源管理系统直接汇入，再进行部分字段数据的更新。

员工们可从专家黄页系统中，找到适合的知识专家，提供工作上的咨询与协助。知识专家的运作流程如下图所示：

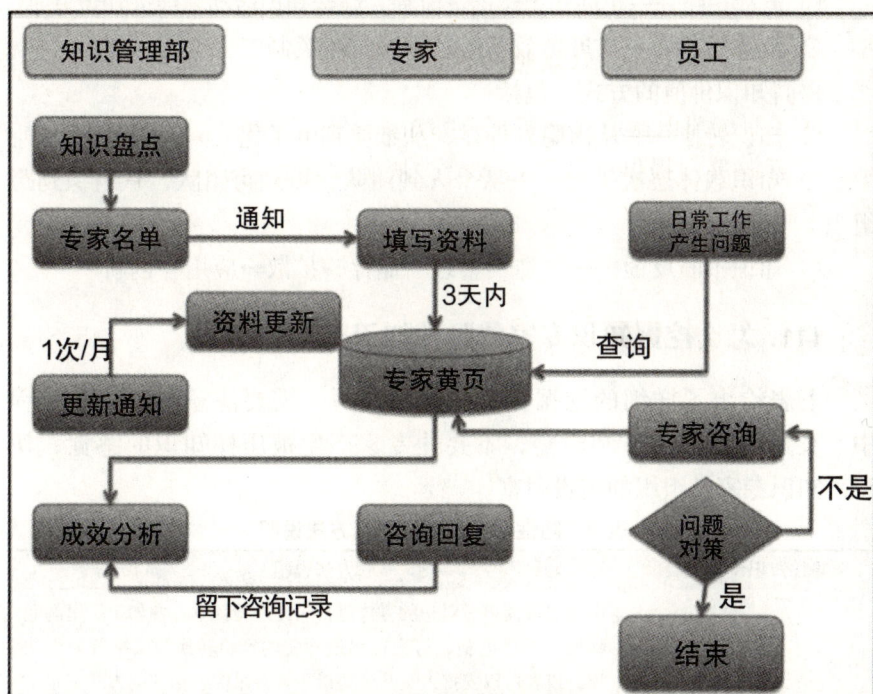

图12　知识专家运作流程

来源：陈永隆《知识管理》

110. 怎么让组织的知识流动起来？

要让组织的知识流动，产生动能，需要同时在两个方面发力：

一是打开知识通路；

二是提高知识价值。

知识的通路：人的通路、科技的通路、流程的通路，甚至激励跟评估都是通路之一。若是没有通路，知识就不会流动。知识管理项目团队，就是要设计四通八达的通路。

知识除了需有通路外，还需具有价值，知识的价值太低，流动率也就低，知识价值愈高，流动率也就愈高。

打开知识通路的做法，包括：

91

○ 人的通路——扩展知识工作者，鼓励分享行为

○ 科技通路——扩展知识管理信息平台，兼顾信息安全

○ 内容通路——扩展知识文档，建立审核机制，提升内容质量

○ 流程通路——扩展知识渗透进流程，结合知识活动，促进知识分享

○ 策略通路——扩展绩效与激励，制订相关制度

提高知识价值的方式，包括：

○ 知识转换——从内隐到外显，从纸质到电子化

○ 知识载体层次扩大——从个人到团队，再到跨团队，从组织到跨组织

○ 知识不断反馈——创造→整理→储存→扩散→应用→创新

111. 怎么挖掘知识专家的隐性知识?

下表给出了详细的挖掘方法和方法说明。需要注意的是，在过程中，要给予专家尊重和激励，不要让专家产生被压榨知识的感觉，切记，知识专家是组织的宝贵财富。

表8　隐性知识传承机制和方法说明

隐性知识传承机制	方法说明
导师制	由师父带徒弟一对一的方式进行工作经验传承，便如工厂里的老师傅，不懂电脑，可由徒弟把师父的经验转换成文字等显性知识，或者可以安排人员从旁边以录音、录像、拍照的方式记录工作流程
内部培训教育	邀请组织各领域专家分享其专业知识给组织成员
成立项目团队	通过小组讨论沟通方式扩散组织知识
举行面对面会议	经由会议使参与者进行知识交流
工作轮岗	让组织成员接触不同性质的工作，利用轮岗不仅可以跨领域学习，还可以进行隐性知识的传承，是企业内部经验传承中一个非常有用的方法
建立实务社群	集结拥有共同目的的成员进行经验交流、分享
举办成果和心得分享会	邀请成功项目团队分享成功经验、心得
举办专业技术研讨会	通过各类专业技术讨论、分享以增进员工专业知识
举行专题讲座	针对特定主题，举行跨部门专题讨论、分享以增进员工专业知识
举办专业技术或知识研讨	让组织人员实际进行专业技术、技能的操作或其他知识学习
读书会	读书会组织者提出读书会的书单，参与人员分享读书内容与心得
构建交流和休憩空间	通过自由交谈的休憩空间交流个人内隐知识

续表

隐性知识传承机制	方法说明
说故事	由受访者详细描述项目成功经验。国外学者对于推动知识管理使用说故事技巧有以下几个看法： ● 说故事是知识分享很好的方法：一个好的领导者应该学会将所要传达的理念使用说故事的方式来传达，提高其接受度。因此，一个好的专家也应该学会使用说故事的方法将隐性知识传递出来 ● 博客/社群可以鼓励人们说故事：在博客说故事比较适合文笔流畅的人 ● 分享故事可让彼此更了解：分享故事可以让传承者与受传承者彼此更接近、更了解 ● 好的故事可引起共鸣，快速在博客/社群传播
建立大师或专家培养计划	对资深技术人员进行专业评鉴，选拔为专家或大师
人物访谈	通过专业访谈采访技巧进行成功经验访谈，并撰写文章传播
塑造企业传奇人物故事	塑造企业典范人物作为后进学习标杆

来源：陈永隆《知识管理》

十七、沟通回馈

112. 知识管理项目会需要定期召开吗？

知识管理项目中，要定期召开项目进展会、问题协调会，也要多开知识管理的培训会、心得分享学习会。会议，也是沟通的一种必要方式，或者说，是非常重要的方式，尤其是对于大企业来说。

细心的读者也许会发现，在不同的阶段中，我们多次提到会议这个词。会议作为沟通的重要方式，在导入期要开，在应用期，仍然要开，只是开会的形式和内容可能有异议。

唯一能够成为心智教材的是组织的过去。从过去组织所作的决策、认识、行动的结果，才可以看出组织心智的问题在哪里。太多项目管理会都只是汇报业务进程，却没有更深入地去发现原来组织没有发现的机会，更不会去关心组织的心智问题了。

要使项目会卓有成效，就要避免这个问题。

113. 要不要每年举办一次知识管理周年回顾活动？

知识管理的推动，除了要有启动说明会，也要有成果发表会，如此可以搜集基层员工的声音。

每一年可对员工作问卷调查，作为下一年度的系统平台修改及知识管理措施推行时调整的参考。这些回顾活动不只是沟通，也是一种回馈，需要各单位员工一起同心协力，才能落实并改善知识管理。

需要注意的是，不要把这种活动搞成形式，搜集上来结果就束之高阁，对于员工的反馈，要认真对待，合理的建议要快速地做出响应，这样可以激励员工提出更多的合理化建议，也激励了员工更多参与知识管理平台活动，因为这让员工感觉到受尊重、知识管理和自己息息相关。

114. 要不要定期倾听基层员工对知识管理未来的期待？

知识管理虽然是一把手工程，通常来说从上到下启动，但基层员工往往是知识管理平台的使用者、知识管理的参与者，了解基层员工对组织与知识管理的期待，以及确认知识管理每一阶段推行的方向是否为员工所需，都是非常重要的议题。

除了定期了解基层员工对知识管理的期待，了解推动过程中执行层面的优缺点外，项目团队也要通过实际的统计数据，检验员工们在知识管理推动前后有哪些改变？是否有进步？继而再将所得信息整理结论后，呈报高层和各级部门经理知悉，并作为后续知识管理推展的规划与执行依据。

115. 怎么合理运用系统平台的统计信息？

系统的统计非常重要，因为通过数据分析，可以了解到平台的应用情况、员工的使用习惯、知识管理的推行状况等。

不过，信息背后的确有很多统计的盲点存在，需要仔细观察。组织推动知识管理时，通常会制订很多KPI（关键绩效指标），员工也会在时间限制内达到KPI的要求。但组织需要解析这些达成业绩的现象，是敷衍了事的？还是真的有价值？是不是最后期限前才冲数据量？还是很平均的落在活动期间内？要从中发现组织执行知识管理时与期望的落差与漏洞，毕竟，知识管理的推行，是要落在实处，而不是做成"政绩工程"。

虽然系统平台可以产生很完整的统计数据，如员工登录次数、时间、动作记录等。但组织有时可能为了不让员工做假，设计很多规则，如十五分钟没有动作就自动退出，同一个时段不能重复登录等限制，造成为了防少数取巧员工，而使整个系统变得很不友善。在知识管理项目启动初期，不妨以宽容为主，逐步完善。

系统平台一定要注重用户体验，要让非信息人员都觉得能轻松上手。

十八、激励措施

116. 组织在推动知识管理时，可以运用哪些奖励措施？

设计知识管理奖励措施时，可以先非正式地调查了解员工的想法，一般企业会提供下列奖励措施：
○ 公开表扬
○ 奖金
○ 实物奖品
○ 奖状、奖杯
○ 进修机会
○ 旅游
○ 外派历练
○ 升迁
○ 加薪

在奖励的时候，不仅要重视物质奖励，更要重视精神奖励。知识工作者有时候更加看重精神奖励，比如刻上自己名字的奖杯、以自己名字命名的专利，会让员工产生更大的成就感。

117. 为什么奖金、奖品好像起不到激励作用？

每个人的价值观都不一样，每个组织也都有其独特的文化，要采用何种激励方式，可以参考组织以往曾有过的激励措施，或进一步探讨能够引起员工愿意分享的动机。

但需要注意的是，要避开那些给予任何激励都没有反应的员工。知识管理也要讲究二八原则：把80％的重要时间花在20％热爱分享、积极参与知识管理项目的活跃员工身上。

118. 定期发表知识管理成果会产生激励效果吗?

定期把知识管理的成果发表在内部刊物、外部研讨会，或媒体杂志，是一种非物质的激励，也是一种营销，组织高层应该要多多鼓励。

这种做法，一方面能成就组织，增强组织形象；另一方面也能激励知识管理项目团队，让成员更有发挥的空间。

参选知识管理评选，获得奖项，也是对知识管理成果的认可。如2011年获得亚洲MAKE大奖的福建网龙、西门子中国、招商证券等，都是在业界树立了知识管理的标杆。不仅是知识管理部门的荣耀，也会让这些企业的员工感到自豪。

119. 需要在组织内部推动知识工作者认证吗?

有人认为，需要认证，可以借鉴认证考试的方法，好处多多，还可以把认证过程做得生动而有趣；反对意见认为，认证方式不适合企业，认证是死理论不是活实践。

有时候形式决定了功能，认真反思某些形式主义，最后可能不得不承认形式决定功能。我们不用去批判形式主义，有时候它是必需的，甚至如同蝴蝶的一双翅膀，可能会掀起一场风暴。

另外我们需要提防形式主义无效与僵化的一面，主动优化它就好了。

结构决定功能，形式决定成效。有一部影片叫《浪潮》（又译《恶魔教室》），讲的就是如何从团队的一个简单的形式开始，演化为一场不可收拾的运动浪潮。如果知道群体的心理效应，我们也许就会更好地利用看起来没有用的形式。

120. 怎么规划知识工作者的认证制度?

知识工作者认证制度可与知识专家整合，不同企业的认证可能会有差异，按本企业的情况执行就好。比如有的公司分为技术线和管理线两条发展通道，技术线以T为代号，从T1到T10，管理线以M为代号，从M1到M10，分别代表不同的层级。

《结构化在职训练》一书中，把人员能力分成几个等级：从新手、专业技术者、资深专业技术者到专家，而专家之后还有大师（见表9）。

表9 知识工作者认证级别参考范例

级别	描述
新手 （Novice）	指一个人刚进入新的工作环境。通常的情况是，在此之前对于这份工作粗略知悉或是所知不多，反映这个人缺乏对该工作的知识与技能，为了胜任这份工作必须接受相当的训练
专业技术者 （Specialist）	在没有监督的情况下，可以依赖这个人圆满完成某项工作任务，但操作的范围仅限于某份重复的工作。这个等级在很多时候需要依赖于外部的指导，以协助这些人达成工作
资深专业技术者 （Experienced Specialist）	一个人能够圆满完成某项重复性的特定工作任务，而且是在相当轻松熟练的情况下完成，一个人处于这个等级的时间，可能延续一段相当长的日子
专家 （Expert）	对于一个特别的工作任务，这样的人总是可以凭借着丰富的知识与经验顺利达成任务的要求。这样的人能获得众人的尊敬，并且在同业中由于其完美的技巧与专业能力，受到高度的推崇。这样的人也能毫不费力地处理重复性的工作，甚至突发的情况
大师 （Master）	这样的人被尊称为"专家中的专家"，或者是员工中"真正的专家"，在整个精英圈中，他们的判断、其所设立的标准以及看法，成为其他人遵循的标的

来源：陈永隆《知识管理》

在做法上，组织可以给员工类似上述范例的期待与目标，让员工获得一定的积累后便可升级，甚至影响升职考核。当组织的知识专家制度累积到一定的成熟度后，即可举办知识大师选拔活动，让知识专家可以提升层级，塑造成大师级的人物。

十九、绩效评估

121. 怎么制订知识管理的绩效评估指标？

知识管理不容易推行的一个原因是很多人认为知识管理的效果不好评估，确定不了绩效评估指标，也就无从检查，看不到明显的效果，就容易失去信心，不易坚持。

事实上知识管理的绩效是可以评估的，指标方面可区分为定量指标和定性指标，同时要注意，最好能分成几个构面，而每个构面的评估指标，都要有清楚的标准说明及定义，并区分等级，以作为明确的评估准则。

绩效评估最好不要只有知识管理系统的绩效指标，还需要加入一些活动的参与度，例如举办读书会、座谈会，与培训教育的出席状况或参与情形，都应该要列入知识活动的指标。

请参阅下图范例。

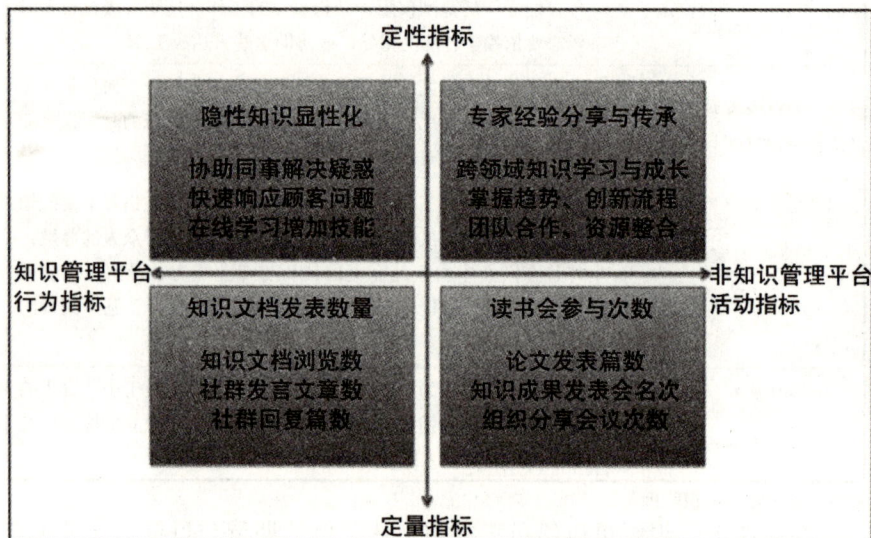

图13　知识管理绩效指标范例

来源：陈永隆《知识管理》

另外，参考平衡计分卡，从学习成长、内部流程、顾客、财务等四个角度来设定指标，再补充组织所需要的其他角度，比如员工参与度等，是比较科学的评估方法。

策略地图，是平衡计分卡的延伸，是让组织的愿景可落实到行动的机制。因此组织也可以利用策略地图的概念，从平衡计分卡的四大层次展开策略目标与具体的行动方案，再订立知识管理的关键绩效指标。

见表10的范例：

表10   以策略地图建立行动方案的范例

目标价值	培养聪明工作和追求创新的文化	建构组织合作和项目协同的平台	整合组织流程和顾客需求的资源	提升企业经营和顾客服务的价值
企业获利			启动经营价值链运作机制，减少资源浪费	开发新市场或提供新服务，扩大营业收入来源
顾客满意		运用网络科技，改变服务顾客的形态，提供个性化服务	组织任务型顾客服务和咨询团队，主动满足顾客需求	成为顾客伙伴、共同创造新形态或独特的服务与商品
内部流程	规划与实施"工作流程"创新提案制度	建立跨组织和跨项目的协同合作机制并推动执行	制订内外部资讯整合流程和报告架构，并建立BI系统	建立集团、顾客、供应商合作伙伴的创新价值链形态
学习成长	进行现有创新能力盘点，继而规划与实施创新能量提升训练	进行"应用资讯科技与协同合作"的教育训练	举办"关键价值贡献精英"的知识价值活动	规划与实施创新型人才长期培养计划或认证制度
全面创新	运用内部传播手法，营造创新文化与推广创新精神	建立企业内部入口网站的协同合作功能	寻找外部创新来源，并与内部创新能量结合应用	参访与学习"外部创新标杆企业"

来源：陈永隆《知识管理》

122. 知识管理的绩效评估流程，怎么做到客观公正？

在知识管理的绩效评估作业中，知识管理项目团队及评审小组扮演重要的角色，应组成审核团队，制订评估标准，建立一定的公信力，并且取得内部的共识，否则不如不做。

如万不得已要避免纷争，也可以请学者专家协助介入缓冲。若没有办法做到完全的客观，可以多听一些不同的意见，必要时可请专家顾问、基层员工参与讨论。

123. 是量化重要，还是知识的内容与质量更重要？

知识的内容与质量更重要，这是无疑的。

知识最重要的是质量，不过，有时候，量化是一个过程，也是一种手段。如果组织连量都没有，就很难要求好质量。先把知识累积起来，接下来才有能力筛选质量。

另外，绩效指标的好坏也攸关知识的质量好坏。任何一个好的绩效评估指标，应具备下列10项基本特征：

（1）可量化（客观性）；

（2）易于了解（容易接受）；

（3）可以鼓励适合的行为（赏善罚恶）；

（4）可视化（评估效果）；

（5）可定义且让双方互相了解（评量者与受评量者）；

（6）兼具有产出及投入的内涵；

（7）只评估重要的项目；

（8）多维度（包含利用率、生产力、绩效）；

（9）可以方便地、低成本地收集（评估成本小于评估效益）；

（10）促进信赖感（公正性）。

二十、总结反思

124. 知识管理是否与组织愿景/策略接轨？

当组织导入知识管理时，其愿景与目标相当重要。组织高层通常会抱持对于知识管理导入的愿景，但却不会立即提出知识管理导入的策略；知识管理的导入策略，通常会由知识管理的执行或推动团队接续知识管理愿景来制订。推动知识管理要考虑的第一件事情，就是要了解组织的愿景与制订承接的策略，才能制订切实可行的行动方案，之后再决定组织每位成员的个人目标，才能让知识管理与组织的愿景及策略接轨。

而在知识管理的推行过程中，也要注意总结和反思，查看与最初的方向是否保持一致，有哪些地方需要调整。

通过这种检视，可以保证知识管理不会走偏方向，而养成良好的总结习惯，本身就是知识管理的一部分。

125. 知识管理计划是否与未来趋势接轨?

每一年知识管理都有不同的发展趋势, 如:

2001年是知识文档管理;

2002年是知识社群;

2003年是项目黄页;

2004年是协同合作;

2005年是平衡计分卡等主题;

2006年是知识创新;

2007年起, 是Web2.0与群众智慧;

2009年起, 社交网络与云计算的崛起。

……

因此, 在规划知识管理计划时, 不仅仅是要总结过去, 也需要展望未来。需要了解正在推动的知识管理趋势主题与未来的趋势是否相关? 其趋势是否可与知识管理计划整合?

知识管理没有一定的成功模式, 也没有一个简单的公式。组织不必遵循哪一位老师、大师, 只有组织自己最了解。以企业实务结合未来趋势, 阶段性总结, 知识管理才会立于不败之地, 真正为企业发挥助力, 成为企业不可或缺的部分, 直至渗透进基因。

第四阶段
扩散期

◎ 知识营销
◎ 协同合作
◎ Web2.0和企业2.0

二十一、知识营销

126. 什么是知识营销?

"知识营销"是指将专业的信息或知识,通过各种营销管道传达给组织内部与外部顾客,使相关人员皆能产生认同。

这年头,不再是"酒好不怕巷子深"了,在知识浩瀚的海洋里,费尽九牛二虎之力,也未必捞到珍珠。知识管理项目团队必须掌握营销手段,把知识像产品一样,推销出去,尤其是在社会化网络发达的现在,需要用到很多社会化媒体。

127. 组织为什么要做知识营销?

知识管理不应单单只是一个项目议题。有很多组织导入知识管理时,着重在知识管理的系统或机制,但最后还是失败。究其原因,就是因为组织的员工与工作流程没有办法充分地运作这些知识管理系统或机制。因此组织必须不断地与员工进行沟通及推广,让整个知识管理流程更顺畅,通过各种知识营销手段,把知识在合适的时间,推送到合适的人手里,这才是知识管理成功的关键。

128. 组织怎么进行知识营销?

可以规划在组织内部通过网络或平面媒体,开辟知识管理与创新专栏,或电子杂志,以利定期传送最新信息,让组织内部与外部顾客都能认同知识管理项目所带来的好处,并主动参与知识分享交流。

建议可从下列几项重点着手进行:

○ 知识管理计划启动仪式。

○ 定期/不定期主动公布各执行项目最新进度与内容。

○ 阶段成果发表。

○ 对外营销。增强组织形象若计划执行过程中,实际成效不如预期,应调整内部营销手法,实时与弹性反映员工需求。

○ 营销方式多样化。根据组织资源,灵活运用,例如如果组织内存在电梯视频或楼宇电视等,则可以通过这些装置进行知识管理的宣传,另外也可以充分借鉴网络营销的模式，如手机短信、邮件（EDM）、企业微博、企业期刊等。

二十二、协同合作

129. 什么是协同合作?

所谓协同，就是指两个或两个以上的人，进行知识工作的过程中，彼此朝着一个共同的目标进行工作协作、知识增值和相互学习。

协同合作是一种典型的创新，彼此不一定需要领导，借由权力下放与平等主义，甚至可以带来更好的结果。

最常运用协同合作观念的活动是项目管理。通常一个项目团队的成员是从各部门进行挑选所组成，在项目经理的引导下，为达成项目目标而共同合作、分享相关信息，贡献所长。

【小范例】

在很多电影电视中，都有关于协同合作的好例子，比如《拯救大兵瑞恩》、《十一罗汉》和《十二罗汉》，虽然《越狱》里的迈克尔基本上是单打独斗，但也需要别人的协助才能实现越狱的目标;《肖申克的救赎》中，安迪请瑞德帮忙搞到的"石锤"是很重要的工具。

看电影，也是很好的学习途径——当然，得看是什么电影和怎么看电影。

130. 知识管理系统怎么和组织的其他信息系统整合?

知识管理系统与其他信息系统的整合，应从完整的知识整合层面来考虑。因为知识整合就像是一个行动矩阵，矩阵中有几个面向与思维，在知识整合的过程中，都要一一考虑清楚。

知识整合的重点:

第一要与科技、组织、流程与绩效做整合;

第二要与过去、现在、未来做整合;

第三要考虑到与5W1H与IP（A）O的整合。

各点详细阐述如下:

○ 信息科技过去从Internet化（网络化）、E化（Electronic, 数

字化）、V化（Virtual, 虚拟化）、K化（Knowledge, 知识化）、M化（Mobile, 行动化），到N化（Now, 实时化），知识管理项目团队都应该对这些议题稍做涉猎。而在管理上的议题，如项目管理、在线学习、人力资源、绩效评估、平衡计分卡，甚至是供应键管理和顾客关系管理，也要去了解，并思考如何把知识管理的精神融入。

○ 要将组织过去有哪些核心能力、现行知识行为是怎样的以及未来趋势方向在哪里作整合，都了解清楚，思考知识管理应该如何来规划。

○ 知识管理必须考虑到5W1H，即人（Who）、事（What）、时（When）、地（Where）、物（which）、如何（How），以及组织会有哪些知识来源IPO（Input, Process, Output），与知识活动IAO（Input, Activities, Output），再进行整合。

○ 各个领域如行政管理、研发工程、营销和财务会计等，都可以用自身专业观点来检视知识管理，因为在这些领域，都有知识经济跟知识管理的应用不同之处。

二十三、Web 2.0和企业2.0

131. 什么是Web 2.0?

Web2.0 是相对Web1.0 的新的一类互联网应用的统称。Web1.0 的主要特点在于用户通过浏览器获取信息。Web2.0 则更注重用户的交互作用，用户既是网站内容的浏览者，也是网站内容的制造者。所谓网站内容的制造者是说互联网上的每一个用户不再仅仅是互联网的读者，同时也成为互联网的作者；不再仅仅是在互联网上冲浪，同时也成为波浪制造者；在模式上由单纯的"读"向"写"以及"共同建设"发展；由被动地接收互联网信息向主动创造互联网信息发展，从而更加人性化！

（以上定义引用自"百度百科"：http://baike.baidu.com/view/733.htm）

Web 2.0时代其实就是网络群众力量崛起的年代。Web 2.0 概念下的网络世界，处处可见社会网络的建立、简单快速的著作平台、沟通工具的新发展以及群众自主分类等，强调在线的协同合作与用户间的信息分享。

132. Web 2.0有什么特征?

○ 以 Web 作为平台（Web Operation System），让网络成为一个操作系统。

○ 用户产生或提供内容（UGC），用户是群众的一员，并驾驭群体智慧。

○ 由于开放程序代码，软件不断发行与升级的循环将会终结永久的Beta版。

○ 开放参与及网络民主架构，激发出用户愿意让网络平台加值的趋动力。

○ 快速的反应页面与双向互动的新功能（AJAX），丰富了应用平台。

○ 融入许多社会网络（Social-networking）链接，强化应用平台的价值。

○ 公共财物（Public Good）形成，具备非敌对性（Non-rival——财物可任意让多人共享而不减少该财物的效用），也具备无法排他性（Non-excludable——无法禁止某人不付代价，即可享受该财物）。

○ 带出"长尾效应"，只要通路够大，非主流、需求量少的商品，其总销量也能和主流商品销量相抗衡。

表11　Web1.0和Web 2.0的对比

Web 1.0	Web 2.0
DoubleClick	Google AdSense
Ofoto	Flickr
Akamai	BitTorrent
mp3.com	Napster
大英百科全书在线（Britannica Online）	维基百科全书（Wikipedia）
个人网站	博客（blogging）
evite	upcoming.org和EVDB
域名投机	搜索引擎优化
页面浏览数	每次点击成本
屏幕抓取（screen scraping）	网络服务（web services）
发布	参与
内容管理系统	维基
目录（分类）	标签（"分众分类"，folksonomy）

续表

Web 1.0	Web 2.0
黏性	聚合

来源：网络

133. 知识管理怎么和Web2.0相结合？

夸张一点说，Web2.0可谓全民知识管理。从没有一个时代像Web2.0时代一样，知识的获取变得如此容易，知识从短缺快速进入丰饶，每个人都有参与的机会，每个人都可以创造知识、发布知识，而不再像过去一样，面对高高的技术门槛和各类管制。

组织在推动知识管理的时候，可充分加入Web2.0元素，使知识管理和外部网络环境接轨，比如在建设知识管理平台的时候，可以采用Web2.0技术和应用，在组织内部搭建社区、微博、博客、WIKI等，让员工拥有表达和互动的空间，Web2.0的特性可以更好地促进内部知识共享。

如果组织内外部的环境相差过大，即：外部已经是Web2.0的环境，灵活、易操作，而组织内部却仍然是Web1.0，僵化、复杂，巨大的反差会引发员工对企业的质疑。

而随着移动互联技术的进步，组织在实施知识管理的时候，也需要考虑手机移动端。

134. 什么是企业2.0？

根据MBA智库百科的定义，"企业2.0"一词最早是由哈佛商学院教授安德鲁·麦卡菲（Andrew McAfee）于2006年春季在《斯隆管理评论》（*MIT Sloan Management Review*）率先提出的。

根据安德鲁·麦卡菲的定义，"企业2.0"是企业内部、企业与企业之间，以及企业与其伙伴及顾客之间对社会性软件的运用。企业2.0是指企业通过积极应用社会性软件，改进其业务及管理模式，实现其内部、外部的沟通、协作及资源整合等活动。

企业2.0的核心思想是沟通和协作，其对企业的贡献为：

（1）为企业技术创新提供知识共享平台；

（2）推进企业信息化建设；

（3）让企业生产更贴近客户需求和社会期望。

安德鲁·麦卡菲说："Web2.0和企业2.0拥有一种特性——让企业的模式和结构随着时间的发展而显现，虽然在开始时人们并没有确定企业的这些格局和构造。"

【迪斯尼乐园小路的故事】

有一条著名的小路，被世界各地的园林设计大师们评为"幽雅自然、简捷便利、个性突出"。

这条路在1971年伦敦国际园林建筑艺术研讨会上获得了"世界最佳设计"奖，为它的设计者格罗培斯带来荣耀，但他却说："其实那根本不是我的设计。"

原来，在迪斯尼乐园主体工程完工后，格罗培斯要求暂停修筑乐园里的道路，在空地上撒下很多草种。接下来，乐园宣布提前试开放。半年以后，乐园里绿草茵茵，草地上被游客踩踏出不少宽窄不一的小路，非常幽雅自然。格罗培斯根据这些行人踏出来的小路铺设了人行道，这就是迪斯尼乐园小路。

135. 知识管理怎么和企业2.0结合？

相对已经深入人心的Web2.0，企业2.0还是一个新名词、新事物，不过，也已经有知识管理系统厂商，比如大陆的智士软件（北京）有限公司、台湾的睿扬公司等，正在实践哈佛商学院Andrew Mcafee教授提出的Enterprise 2.0（企业2.0）基本要素"SLATES"，将其精神应用在知识管理系统、企业协作沟通平台的开发（如图14所示）。

S：Search（提供快速精确的检索搜寻服务）

平台内建高效能之全文检索引擎，辅以用户回馈分析机制，快速协助用户找到所需的知识文件；并且提供指定字段与分类检索，让使用者精确搜寻到需要的信息。

L：Links（多维度虚拟分类，彻底解决分类与归类困扰）

提供文件一对多连接，企业内不同的工作角色，都可以按业务、项目的不同分类，弹性地建立合适的分类架构，并灵活运用多重关联分类，对知识进行分类归档。

A：Authoring（诠释数据和自然语言技术，让用户易于发现知识）

采用先进的自然语言处理技术，可以自动撷取摘要，让产出的每份知识文件，都有重点段落描述。使用者浏览时就可以免去逐一打开附件来确认正确性的困扰。

T：Tags（表达个性化意见，凝聚群体智能，强化知识的灵活性）

用可视化方式呈现的标签云，快速聚焦群体关注议题，经由Tag的使用过程，激发使用者创意，表达个人见解与知识。

E：Extensions（主动推荐延伸知识，扩大知识价值）

活用卷标特性，主动学习用户与知识文件之间的"相关性"，进而强化系统推荐相关文件、卷标、分类、搜寻排序，甚至延伸阅读等增值信息的能力。

S：Signals（利用自动通知让用户知道企业信息的发布与更新）

订阅式推送方法，让知识分享成为永续关注的正向循环，使用者可以随时随地接收自己所关心的企业信息，破除消极被动的发掘。

移动互联网时代，微博、移动办公等将大行其道，企业2.0是大势所趋，企业需要做好转向企业2.0的准备，才能更好地应对未来的变化，否则，可能陷入恐龙一样的命运。

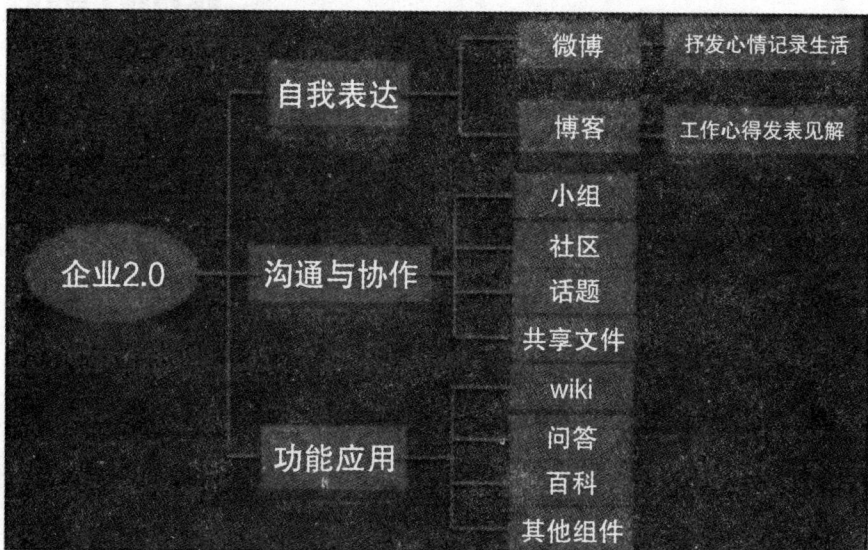

图14　企业2.0包含功能示意图

来源：智士软件（北京）有限公司

第五阶段

创新期

◎ 创新

◎ 学习型组织

二十四、创新

136. 什么是交汇点创新？

弗朗斯·约翰松（Frans Johansson）在其著作《美第奇效应》（*Medici Effect*）一书中提出——当我们跨入不同领域、不同学科和不同文化的交汇点时，将会因结合现有的观念而创造出大量的、突破性的新想法，产生交汇点创新，也就是所谓的美第奇效应（Medici Effect）。

造成交汇点创新有三个驱动力，如下列示：

○ 与其他领域的人交流
○ 应用计算机信息科技
○ 跨科学领域的整合

【美第奇效应的由来】

话说文艺复兴时期的意大利，美第奇银行家族曾经资助过很多在各学科领域中创新的人，使得多学科、多领域的交叉思维创造出惊人的成就。

美第奇家族对艺术的赞助可谓不遗余力，他们在银行、艺术、哲学、政治等领域纵横捭阖，左右逢源，为整个家族赢得了不朽声名。后来人们得到启发，把各个领域和学科的交叉点上出现的创新发明或发现，称为"美第奇效应"。

八卦一下，绝代美女伊莎贝拉·阿佳妮出演的《玛尔戈王后》中的玛尔戈，她妈妈凯瑟琳·德·美第奇就是出自美第奇家族。

137. 怎么让知识实现创新？

在知识经济时代，创新的难度越来越高，就连创新的方法与思维也必须与过去不同，亨利·伽斯柏（Henry Chesbrough）在2003年出版的《开放式创新》（*Open Innovation*）中提出开放式创新的观念。

封闭式创新与开放式创新最大的不同点，在于封闭式的创新总是想着：

"我们内部如何自己研发？我们内部如何自己做？我们如何控制流程？"

而开放式创新则想着：

"应用外部的研发成果可能创造更大的价值，怎么将内部与外部的想法发挥到最好？建立一个好的模式胜过先抢到这个市场。"

对组织而言，创新必须要跨部门、跨领域、跨产业，甚至跨国界的协同合作，通过多元来源管道的知识分享与交换，达成知识创新（见图15）。

图15　创新宣传画1

来源：网龙公司

138. 组织创新来源是向内寻找，还是向外寻找？

2006年IBM针对全球765个企业CEO进行深度访谈，询问关于创新的相关议题。在这份名为 "Expanding the Innovation Horizons: The Global CEO Study 2006" 的报告显示，受访的CEO们认为组织创新点子的来源管道依序为：内部员工、外部伙伴、外部顾客、顾问、竞争对手等，反而内部的业务与服务单位，以及内部研发团队，排名较落后。

这项调查结果符合开放式创新的观念，也提醒组织应该开始调整创新的投资方向，不要将焦点一直放在组织内部。

139. 是否还应该考虑与顾客及外部伙伴的知识管理?

根据KPMG的调查报告显示，在未来两年内，业界期待知识管理的焦点将会从内部知识分享转移到外部知识分享，未来机会在哪里？其实就在内部员工、顾客，以及外部伙伴身上。要让顾客与外部伙伴一起成长，否则他们若跟不上，机会（商机）就会流失。因此必须导入与推动涵盖顾客与外部伙伴的知识管理项目，才能同步提升整体竞争力。

140. 怎么把外部顾客的声音转换为内部的知识管理策略?

组织形态已经从生产导向发展到顾客导向。顾客导向的组织，是以顾客需求为优先考虑。

在顾客导向的时代，组织可以利用对外服务的顾客社群和顾客知识库，实时得到顾客的需求信息，作为内部的知识管理策略。并且弹性运用手上的资源与通路，调整工作流程或委外合作来满足顾客需求，整体概念如下图所示：

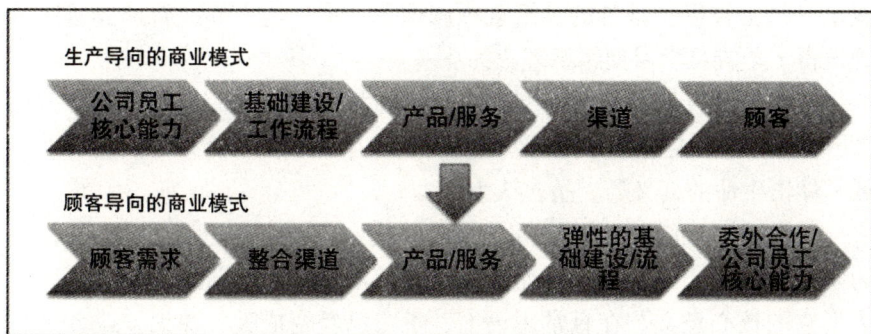

生产导向的商业模式

公司员工核心能力 → 基础建设/工作流程 → 产品/服务 → 渠道 → 顾客

顾客导向的商业模式

顾客需求 → 整合渠道 → 产品/服务 → 弹性的基础建设/流程 → 委外合作/公司员工核心能力

图16　生产导向与顾客导向的变革

来源：《中小企业的E战略》（*e Strategies for Small and Medium Enterprises*），2001

141. 组织需要有与外部顾客或合作伙伴的互动社区吗?

组织确实需要有与外部顾客或合作伙伴的互动社区，因为借由外部顾客或合作伙伴的互动社区建置，可以缩短彼此互动的时间，并得知顾客及伙伴的需要，同时，顾客及伙伴间的彼此分享、经验交流，也会减轻组织的客服压力。

所以，组织应该要开放一个让所有关系人发表意见的地方，以便吸收到更多声音与意见。

此外，组织对外需有对外社区，对内也需有对内社区，其中安全的管制，内外防火墙的规划一定要完整，最好不要采用同一个体系与外界沟通，否则可能会出现信息安全问题。

社区可以是在自身网站建设互动平台，自行开发或使用智士（ThinkSNS）这样的现成系统，或者采用新浪企业微博这样的平台进行。

二十五、学习型组织

142. 什么是学习型组织?

学习型组织是一个能熟练地创造、获取和传递知识的组织，同时也要善于修正自身的行为，以适应新的知识和见解。面临变化剧烈的外在环境，企业应建立学习型组织，力求精简、扁平化、弹性因应、终生学习、不断自我组织再造以维持竞争力。

学习型组织这一管理观念，最早由美国麻省理工大学佛瑞斯特教授提出，经由彼得·圣吉的《第五项修炼》一书广为人知，管理界普遍认为彼得·圣吉是学习型组织理论的奠基人。

彼得·圣吉认为，学习型组织的真谛是"活出生命的意义"。他用"metanoia"来表达学习型组织的精神，这个词被翻译为"心灵的转变"或"体悟生命的真义"。圣吉认为：

"掌握'metanoia'的意义，等于掌握'学习'的更深层的意义，因为学习也包括心灵的根本转变或运作。然而学习在目前的用法上已经失去了它的核心意义。在日常用语上，学习已经变成吸收知识，或者是获得信息，然而这和真正的学习还有好长一段距离。"

学习是个人与组织能量的正向转换，组织如果能够顺利导入学习型组织，不只能够达致更高的组织绩效，更能够带动组织的生命力，生生不息，基业长青。

143. 学习型组织的内涵是什么?

（1）学习型组织基础——团结、协调及和谐。

组织学习普遍存在"学习智障"，个体自我保护心理必然造成团体成员间相互猜忌，这种所谓的"办公室政治"导致高智商个体，组织群

图17　创新宣传画2

来源：网龙公司

体反而效率低下。从这个意义上说，班子的团结，组织上下协调以及群体环境的民主、和谐是建构学习型组织的基础。

（2）学习型组织核心——在组织内部建立完善的"自学习机制"。

组织成员在工作中学习，在学习中工作，学习成为工作新的形式。

（3）学习型组织精神——学习、思考和创新（见图17）。

此处学习是团体学习、全员学习，思考是系统、非线性的思考，创新是观念、制度、方法及管理等多方面的更新。

（4）学习型组织的关键特征——系统思考。

只有站在系统的角度认识系统，认识系统的环境，才能避免陷入系统动力的旋涡里去。

（5）组织学习的基础——团队学习。

团队是现代组织中学习的基本单位。许多组织不乏就组织现状、前景的热烈辩论，但团队学习依靠的是深度会谈，而不是辩论。深度会谈是一个团队的所有成员，摊出心中的假设，而进入真正一起思考的能力。深度会谈的目的是一起思考，得出比个人思考更正确、更好的结论；而辩论是每个人都试图用自己的观点说服别人同意的过程。

（以上内容引用自百度百科词条"学习型组织"：

http://baike.baidu.com/view/99186.htm）

144. 学习型组织有哪些要素？

学习型组织共有 5 项要素：

（1）自我超越（Personal Mastery）。

通过学习扩展自身的能力，从而获取最理想的结果，创造一种组织环境，激励组织成员发展自我，追求自己选择的目标。

（2）心智模式（Improve Mental Models）。

对自己头脑中的世界图像进行思考，并不断地加以改进，使其变得更清晰。看看它如何影响我们的行为和决定。

（3）共同愿景（Building Shared Vision）。

集体成员共同勾勒出为之奋斗的将来，确定原则和指导方法，从而在集体中建立起一种奉献精神。

（4）团队学习（Team Learning）。

改变交谈和集体思考的技巧，从而发展出超出成员才能总和的集体智慧和能力。

（5）系统思考（System Thinking）。

对影响系统行为的力量和相互关系进行思考的方式，也是用以描述和理解这种力量和关系的语言。这一项修炼让我们知道如何更有效地改变系统，如何行动才能和世界的自然及经济发展的过程保持一致。

（以上内容出自：《第五项修炼·实践篇》，彼得·圣吉等著）

145. 怎么建立以知识螺旋为基础的学习型组织？

知识螺旋强调如何将个人的内隐知识，通过有系统的知识分享活动，转化为团体与组织的外显知识。为了建立以知识螺旋为基础的学习型组织，并以打开学习与思考的通路，创造出领悟之后有价知识为目标，组织可依序执行以下四个步骤：

（1）导入知识管理。

建构知识库、知识社群、知识专家黄页，作为知识管理三宝，当三者同时存在且相互形成紧密的知识价值网络，才能产生最大的知识效益。

（2）驱动知识分享文化。

传承最佳实践与标杆学习、群众智慧崛起的年代，应让人人都成为知识工作者。将组织内成功或失败的项目经验、专家或资深主管的智慧储存与传承，以期建立知识工作者的新思维，并具体转化为新行动。

（3）建立组织学习中心。

整合实体与虚拟的学习环境改变传统教育训练体系，结合知识管理、在线学习与信息科技，建立实体与虚拟交互运用整合的组织学习流程。

（4）打通学习与思考的通路。

建立以知识螺旋为基础的知识价值机制，在未来是一场思考力与领悟力的竞争。在知识已成为人人唾手可得的年代，如何将知识转换，从创造、储存、分享与应用，再经由各种知识增值活动的交流与刺激，转化为"领悟后"的智库，是组织必须强化的课题。

附 录

◎ 推荐书籍
◎ 推荐专家
◎ 推荐网站
◎ 推荐期刊
◎ 推荐知识库
◎ 推荐院校
◎ 推荐知识管理服务提供商
◎ MAKE大奖
◎ 案例分享
◎ 知识管理百宝箱

为了方便读者，我们对一些网址做成了二维码，可以在手机扫描后直接访问，不需要手工输入。

推荐软件：快拍二维码（可在安卓市场和App Store下载）。

推荐书籍

读书，是吸收知识的最佳途径之一，作为知识管理从业者，或者对知识管理有兴趣，希望了解知识管理的人，建议进行主题阅读，把能够找到的书，搜集起来，进行阅读，从各个侧面、各种层次，全面了解知识管理。

由于时间、地域或市场原因，列表中有些书买不到，但较大的图书馆通常有存，建议在买不到书的时候，充分利用图书馆资源。

本系列知识管理书籍，已经做成豆列，地址：http://book.douban.com/doulist/182947/可以通过访问这个地址，找到各书的详细链接。

二维码：

附图1

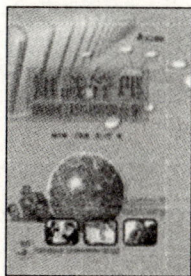

书名：	知识管理：价值创新与开放分享
作者：	陈永隆/王奇威/黄小欣
出版社：	华立图书股份有限公司（台湾）
出版年：	2010-09
页数：	453
定价：	NT$600
ISBN：	9789577842671
豆瓣：	http://book.douban.com/subject/10427215/

附图2

这本书，台湾出版，很遗憾目前在大陆买不到。全面、深入、新锐，案例丰富，实操性强，有完整且丰富的知识管理导入架构、步骤与方法，综合新经济、知识经济、即时经济、组织学习、协同创新等趋势，提供全面的知识管理思维。

因为是繁体字，而且很多术语都是台湾叫法，所以在阅读时可能会存在一定障碍。

书名：	知识管理：原理及最佳实践
作者：	卡尔·马丁/彼得·海森格/詹·沃贝克
译者：	赵海涛/彭瑞梅
出版社：	清华大学出版社
出版年：	2004-10
页数：	336
定价：	38.00元
ISBN：	9787302095750
豆瓣：	http://book.douban.com/subject/1422082/

附图3

这本书，尤其是第三部分的案例分析，对于知识管理的实践应用，有较好的指导意义。其中"西门子MED的知识分享"，"沿价值链实施，并把方案整合到公司整个流程和日常工作中去"是最好的方式，类似于AMT的"流程管道，知识活水"的理念。

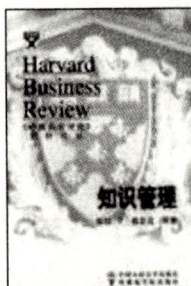

书名：	知识管理
作者：	彼得·F·德鲁克等
译者：	杨开峰
出版社：	中国人民大学出版社
出版年：	1999-11
页数：	193
定价：	18.00元
ISBN：	9787300032818
豆瓣：	http://book.douban.com/subject/1039349/

附图4

这本书是收录发表在《哈佛商业评论》中的多位知名专家的文章，普遍简洁、精悍，读起来是一种享受。当然这和译者也有一定关系。好的翻译其实是再造。属于经典之作，值得一读再读。

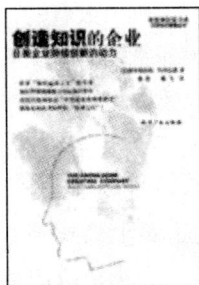

附图5

书名： 创造知识的企业
作者： 野中郁次郎
译者： 李萌/高飞
出版社： 知识产权出版社
出版年： 2006-04
页数： 305
定价： 35.80元
ISBN： 9787801983671
豆瓣： http://book.douban.com/subject/1811450/

　　野中郁次郎的经典作品，值得收藏、再三阅读体会。在书中，作者对知识的东西方差异做了非常清晰的对比和阐释，由于日本和中国有一定的共性，所以相比西方的知识管理理论，野中郁次郎的观点更有借鉴意义（但请注意并非指中国目前的商业环境）。

附图6

书名： 创新的本质
副标题： 日本名企最新知识管理案例
作者： ［日］野中郁次郎/胜见明
出版社： 知识产权出版社
出版年： 2006-06
页数： 246
定价： 29.80元
ISBN： 9787801985040
豆瓣： http://book.douban.com/subject/1837431/

　　可以和《创造知识的企业》搭配阅读，书中的13个案例非常典型，对于案例的分析有较多可借鉴之处。透视创新的本质内容，发掘企业创新的源泉，让人明白创新并不是非常困难的事情，但需要发挥个人的主体参与能力，需要灵活运用企业储备的知识。

附图7

书名： 知识化生存
副标题： 知识管理方法论
作者： 吴庆海/夏敬华
出版社： 世界图书出版公司
出版年： 2005-09
页数： 226
定价： 48.00元
ISBN： 9787506277891
豆瓣： http://book.douban.com/subject/1982016/

很多知识管理的专著非常严肃、晦涩，那是写给有一定基础的人看的，但对于大多数还不懂知识管理，想要入门的人来说，这本书非常适合。深入浅出，通俗易懂，系统全面，对于初学者来说，是非常好的教材。

推荐专家

在知识分类中，专家属于"Know-who"，在学习的道路上，找到专家，学习专家的理论、实践等知识，通过面对面、博客、论坛、微博等各种方式与专家交流，往往可以达到事半功倍的作用。在这里，我们推荐了一些知识管理界的专家，希望这个专家地图能够给读者帮助。在推荐时，我们既注重专家的理论学识，也注重专家的实践经验，既包括了企业管理领域，也包括了教育领域，既有纵贯知识管理从KM1.0到KM3.0历史的资深专家，也有企业2.0这样崭新领域的践行者。

限于我们的见识，我们的推荐可能不够全面，也欢迎读者向我们推荐您心目中的知识管理专家，我们可以在书籍再版时增加进去。

托马斯·H·达文波特（Thomas H.Davenport）

达文波特是流程再造的创建者之一，同时也是知识管理的先行者。获得了哈佛大学的哲学博士学位，并先后授课于哈佛商业学院、芝加哥大学和波士顿大学。曾为埃森哲战略变革研究院主任，美国巴布森学院信息、技术与管理领域的著名教授，对知识管理有深入的研究。

真正让达文波特在全球商业管理界成为风流人物的，则是他在互联网兴起时期提出的"注意力经济"的概念。

"注意力经济"敏锐地研究了CEO们所面临的最大挑战之一：如何确保关键问题获得组织的最高注意力，如何从不必要的琐事中解脱出来，关注最重要的事情。赚得和消费新经济时代的企业货币——注意力。这本《注意力经济》被誉为从"知识时代"到"注意力时代"的开创性著作。

【详见互动百科词条】

http://www.hudong.com/wiki%E6%89%98%E9%A9%AC%E6%96%AF%C2%B7H%C2%B7%E8%BE%BE%E6%96%87%E6%B3%A2%E7%89%B9?prd=so_1_doc

卡尔–爱立克·斯威比（Karl–Erik Sveiby）

卡尔–爱立克·斯威比博士（Karl-Erik Sveiby）被誉为知识管理的"奠基之父"之一，他是知识管理基础理论的开拓者。1986年，他出版了第一本瑞典文著作——"Kunskapsforetaget"，在这本著作中，他探索了如何管理快速成长的知识型组织，指出知识型组织不同于传统的企业，经营依赖的是知识和员工的创造能力。该书一经出版，便风行一时，成为最佳畅销书。他也因此成为在知识管理研究和实践方面具有重要影响的早期知识管理领袖。他出版于1990瑞典文的著作（"Kunskapsledning"）是世界上第一本用"知识管理"一词作书名的专著。

与大多数学术界人士和顾问师不同，斯威比在自己的公司实现和检验了他的理论和概念。他自己的经验使他对通过信息以及课堂教学的方式传授知识的有效性产生怀疑，于是他通过开发各种工具来帮助全世界的企业经理和顾问咨询师们学习并在实践中实现知识管理。部分工具包括：

1.无形资产监控表（IAM），测量无形资产的概念体系和实际程序；

2.探戈（TANGO），学习如何管理和经营知识型企业的沙盘演练系统，全球有超过3万经理人员受过培训；

3.探戈–网络版（TANGO.net）；

4.开发企业知识战略的过程辅助系统（KMAP）；

5.合作氛围测量数据库，一种测量工具，用于测量和比较组织内部的合作文化（知识管理文化），数据库包含有各类组织的数据可以用来横向比较。

http://www.sveibytoolkit.com （网上斯威比工具资源库）可以查看斯威比博士推荐的相关客户真实案例。

http://www.sveiby.com（斯威比网站）拥有斯威比博士授权的文章以及书籍，是世界上知识管理资源最多的全球性网站。

设计知识管理平台（KM Portals）的概念、过程和软件。

【详见互动百科词条】

http://www.hudong.com/wiki/%E5%8D%A1%E5%B0%94-%E7%88%B1%E7%AB%8B%E5%85%8B%C2%B7%E6%96%AF%E5%A8%81%E6%AF%94?prd=so_1_doc

野中郁次郎（Ikujiro Nonaka）

野中郁次郎早年曾在美国求学，就读于著名的加州大学伯克利分校的哈斯商学院，并分别于1968年和1972年在该院获得工商管理硕士学位和企业管理博士学位。自1981年以后，他一直在日本国立一桥大学工作，同时还兼任伯克利加利福尼亚大学的客座教授。

他在1995年与同事竹内弘高（Hirotaka Takeuchi）出版的《创新求胜》（*The Knowledge-Creating Company*）一书，从柏拉图（Crater Plato）、笛卡尔（Rene Descartes）、博蓝尼（Michael Polanyi）的知识哲学谈起，融入日本企业的实务经验，企图建构一套系统性的知识管理理论，序言中说："在这本书里，我们把知识当成解释公司行为的基本单位。"后来经过发展成为SECI模型。

野中郁次郎是知识管理领域被引述最多的学者，被誉为"知识管理理论之父"、"知识管理的拓荒者"。他是继大前研一后又一位具有世界影响的日本管理学者。野中的理论虽然和大前一样，建构在日本成功经验基础上，但他强调，日本企业的成功并非只局限在优良的生产技术、终身雇用制度或者重视年资等这些大家熟知的"日式管理"特色，他试图说明，日本企业的过人之处，其实在于其组织的知识管理能力。

【详见百度百科】

http://baike.baidu.com/view/777806.htm

竹内弘高（Hirotaka Takeuchi）

一桥大学国际企业战略学院教授、院长，在一桥大学就职前，曾在哈佛商学院任教，曾与迈克尔·波特合著《日本还有竞争力吗？》（*Can J apan Compete*?）一书。曾获加州大学伯克利分校Haas商学院的MBA和博士学位。他与野中郁次郎合著过《创造知识的企业》（*The Knowledge-cmating Company*）。1996年，该书荣获美国出版学会"年度最佳管理类图书"大奖，该著作也是被引用最多的知识管理类专著。

【据豆瓣《知识创造的螺旋》作者简介】

http://book.douban.com/subject/1734687/

埃蒂纳·温格（Etienne Wenger）

埃蒂纳·温格是一位独立咨询师、研究学者、作家和演讲者。他是

"实践社团"研究的先锋，目前已经成为该领域内全球公认的思想领袖。他在理论方面做出了众多的成就，在实践中也帮助了许多企业培养实践社团。著有《实践社团》一书，被认为是实践社团一词的发明者。

【据《实践社区》一书的作者介绍】

多萝西·罗纳德（Dorothy Leonard）

哈佛商学院威廉姆阿伯内西教席工商管理教授。从1983年起，她便担任该院MBA和在职教育项目的教学任务。她的研究和咨询领域，包括新技术的商业化、新产品开发以及在地理、文化和认知等领域间的知识传播等。她在实地研究的基础上，在《组织科学》等学术杂志上发表学术论文近30篇。她编写的《知识的源泉》（哈佛商学院出版社，1995年）一书，描述和解释了维持创新和提高战略技术能力的管理活动。

【据《知识管理·哈佛商业评论精粹译丛》书中《充分发挥公司的智力》作者介绍】

陈永隆

陈永隆博士，一位横跨工程、资讯与管理的跨领域实践者，华人地区虚拟团队组织与运作先锋，也是台湾《管理》杂志2001—2009年华语500大企管讲师。

陈永隆博士拥有的是工程博士学位，1994年曾获得中国工程师学会工程论文奖；后来转战资讯界，又在资讯界出版超过24本电脑著作；当全球进入知识经济之际，陈博士持续投入知识管理与协同创新的研究领域，同时也是国家文官培训所知识管理特约讲座主讲人，并于2008年获得经济部"金书奖"（资讯管理类）。

陈博士共出版管理书籍3本、知识管理数字化教材，以及知识价值链系列演讲CD 4片、DVD 4片。

新浪微博：

@台湾-陈永隆博士 http://weibo.com/gogospeaker

二维码：

附图8

董小英

现任北京大学光华管理学院管理科学与信息系统系副教授，北京大学国家高新技术开发区发展战略研究院副院长，中国信息经济协会副理事长，知识管理研究中心主任，北京大学WTO研究所和北京大学民营经济研究院高级研究员，信息产业部信息资源管理项目专家组成员，教育部CALIS项目专家组成员，曾在美国哈佛大学、匹兹堡大学，加拿大加尔顿大学，澳大利亚国立大学，英国Robert Gordon大学，泰国亚洲理工大学参与培训和做访问学者。

董小英博士的研究领域为：知识管理，企业信息化与组织变革，竞争环境中的情报系统与情报分析，基于互联网的信息检索与组织。

何德勇

何德勇先生是DAOchina的创办人暨知识总监，在企业顾问和经济研究领域有着十多年的专业经验，致力于协助企业在把握商业机会的同时，有效地管理源自外部经营环境和企业机器内部的经营风险。

何先生长期为国内外客户提供管理咨询、专题调查研究、审计、会计等专业服务。他基于实践经验规划，设计了中国营商环境指数体系，并策划和主持了2002年度的全国性问卷调查，以反映企业的经营管理阶层对中国营商环境的真实体验和评价。

作为知识管理领域的专家和咨询顾问，何先生一直致力于知识管理在中国的理念传播和实践应用，主持了中国首次有关知识管理的全国性大型问卷调查活动——KM2002知识管理·中国问卷调查，并针对个人和机构实施知识管理，分别编写了可行的实务指引和解决方案，协助个人及机构塑造并提升核心竞争力——学习知识的能力和创新知识的能力。

著有《知识管理实施要领：竞争力的塑造和持续提升》一书。

新浪微博：

@CinnicChina http://weibo.com/cinnicdaochina

二维码：

附图9

李荣彬

香港理工大学工业及系统工程学系讲座教授及主任，香港理工大学微软企业系统中心及知识管理研究中心主任。曾任香港科技协进会会长、粤港科技产业促进会会长，其他公职包括香港生产力促进局理事会理事、创新及科技基金评审委员、康乐及文化事务署科学馆顾问。

邱昭良

管理学博士，中国学习型组织网创始人，中国学习型组织促进联盟主席、首席专家，中国人民大学培训学院特聘教授，国际组织学习协会、美国项目管理协会会员。

研究领域：组织学习与发展、知识管理、项目管理、领导力与企业信息化建设。

主要成果：著有《学习型组织新实践》、《系统思考实践篇》、《学习型组织新思维》、《企业信息化的真谛》，译著包括《U型理论》、《创建学习型组织五要素》、《学习型组织行动纲领》、《系统思考》、《决策者的系统思考》、《情景规划》、《欣赏式探询》等，并在国内专业报纸杂志上发表相关论文80多篇。

新浪微博：

@邱昭良 http://weibo.com/qiuzhaoliang

二维码：

附图10

汤富源

广东商学院教师，Web2.0教育应用的实践者和探索者。从最初的关注非正式学习到如今的聚焦Web2.0时代下的社会化学习，几年来一直致力于Web2.0理念与技术在高校教育和师生学习交流中的推广应用，在课程中融入了Web2.0相关元素，设计了相关实验项目，积极进行Web2.0技术的教育应用，目前开设了公选课"网络互联学习方法"，在本科生中进行专门的基于Web2.0的社会化学习方法的推广与传播，旨在把"网络互联学习方法"课程打造成一个可以学生体验未来网络生存，凸显自我，展示个体精彩的平台。

新浪微博：

@汤富源 http://weibo.com/cntom

二维码：

附图11

唐兆希

唐兆希先生毕业于北京工业大学，福建网龙计算机网络信息技术有限公司常务副总裁，首席知识官，开心教练。曾开过书店，认识到在智慧面前自己是永远的小学生。创办过管理咨询公司，认识到企业的问题归根到底是人的问题。创办过管理软件公司，认识到知识只有工具化了才有可能被更多的人应用。看到网络游戏发展的颠覆性趋势，毅然投身网络游戏行业，全面负责网龙的行政管理和产品运营。把"德鲁克的目标管理"和"游戏的养成机制"结合在一起，创造性地开发了针对"知识工作者"和"80后员工"的管理游戏化系统。成功地把WEB2.0开发思想引入网龙的ERP开发中，实现公司"管理的智动化"和"知识分享的社区化"。创造性地把知识管理和流程管理以及SOP结合在一起，在公司内部实施"有智慧的流程"，探索创意流程化管理。认识到学习力是终身的竞争力，目前正全力投身网龙的教育新事业，本着"解构知识密码，让学习更加简单有效"的使命，追求着"让孩子像喜欢游戏一样喜欢学习"的大理想。

唐兆希先生在知识管理方面的追求和成就得到社会各界的赞许和很高的评价。2007《IT经理世界》评为中国最佳CIO；2010获中国知识管理人物奖；2010 获战略执行（SISS）在中国" 中国最佳实践企业奖"、"远见领导奖"、"专业贡献奖"三项大奖；2011首届"中国知识管理实践新星奖"；"2011 亚洲最受尊敬的知识型组织奖"（MAKEA）、"中国MAKE大奖"。唐兆希先生的管理学著作《渔说1.0》和《渔说2.0》分别在中国大陆和台湾出版，深受两岸知识管理界的好评。

新浪微博：

@渔说 http://weibo.com/fishingtao

二维码：

附图12

田志刚

中国知识管理中心（Knowledge Management Center）主任，研究兴趣为组织知识管理和个人知识管理。从事知识管理领域的咨询工作，曾主持或者参与制造型企业、高新技术企业、研究院所、快速消费品企业、专业服务机构（律师、会计师事务所、保险经纪和代理公司等）、能源企业、房地产行业知识管理咨询、实施项目，积累了较丰富的经验。在个人知识管理领域，田志刚先生是国内较早从事个人知识管理研究和理念普及的人，曾经在多所高校进行个人知识管理的讲座。著有《你的知识需要管理》。

新浪微博：

@KMC田志刚 http://weibo.com/tianzhigang

二维码：

附图13

萧秋水

她来自江湖。对知识管理领域来说，她是纯草根出身。2005年接触知识管理，曾任职金蝶软件（中国）有限公司知识管理部总经理、金蝶友商电子商务服务有限公司社区和内容运营部经理、大企业与行业事业部产品市场与解决方案部副总经理、业务发展部业务发展总监。从ERP实施顾问到产品经理，从知识管理到互联网，再到投资，每一个新领域，从陌生到熟悉的过程，都是知识管理的实践。

她是实战派。有人称她为大侠，她更愿意称自己为"刺客"，不讲究刀法是否华丽，姿势是否优雅，只看是否犀利有效，是否达成结果。

当然，这位刺客，并不研究怎么"十步杀一人，千里不留行"，对她来说，个人知识管理、企业知识管理、社会化知识管理、个人品牌、精力管理、时间管理、读书方法、思维导图等等，都是利器，"飞花摘叶，皆可救人"。

新浪微博：

@萧秋水 http://weibo.com/xiaoqiushui

二维码：

附图14

王宝明

企业2.0、知识管理实践者；曾为华为研发知识管理平台总架构师；参与并负责西门子、安邦保险等多家公司企业2.0平台的实施。现为智士创始人，致力于SocialBusiness Software Solution。自主研发ThinkSNS开源微博产品、Sociax企业社会化软件产品。专注于企业2.0、知识管理、客户服务、员工心声解决方案。

新浪微博：

@王宝明 http://weibo.com/askawang

二维码：

附图15

王振宇

10年行业信息化经验，主持过国家金旅工程建设，及全国30多省市的信息化平台项目。在信息化、互联网、媒体、知识管理等领域具有较强知识积累和实战经验。目前创建北京深蓝海域科技公司任首席分析师，架构了kmpro知识管理平台，指导实施众多知识管理项目的IT实现和落地运营，提出"多维知识管理体系、5大知识认知模式"等理念，致力于推动知识管理在中国的发展，当选"2008中国知识管理年度人物"。著有《职场进化论》、《任我游》等书。

新浪微博：

@Kmpro知识管理王振宇　http://weibo.com/kmpro

二维码：

附图16

吴庆海

吴庆海博士，西门子中国知识管理奠基人，首席KM顾问，西门子中国高级核心专家Senior Key Expert（七名之一）；国内最早的知识管理实践者，具有跨国大公司工作、研究的经验，长期致力于企业管理和信息化领域的研究、咨询和培训工作，在知识管理与创新、生态及低碳城市、企业商业架构、企业应用架构、流程优化、IT应用规划等领域具有丰富的经验。曾为国内某最大IT服务业务群知识管理的奠基人，某咨询公司合伙人，任职咨询总监、销售总监、助理总裁等职。

曾为中国政府、西门子内部客户以及其他公司的客户（例如首都机场、宝钢、武钢、中国移动、华为、中兴通讯、联想、中粮等等）提供过咨询或培训服务。

熟知国际知识管理最新的动态和趋势，参与McKinsey国内首个知识管理战略及流程规划项目，了解贝恩、毕博、Microsoft、IBM、三星SDS、Accenture等最佳实践。创新性提出了"知识管理成熟度模型KMMM®"、"知识之轮®"、"知识引擎®"、"知识晶格®"等模型以及

"知识战略规划"、"知识管理规划"等方法论。

中国知识管理标准专家评审组成员；推动中国MAKE（Most Admired Knowledge Enterprise）评奖的落地，率领西门子获得2011中国MAKE卓越大奖以及亚洲MAKE大奖。出版《知识化生存》、《好好学习》、《架构之美》等书。

新浪微博：

@吴庆海 http://weibo.com/wuqinghai70

二维码：

附图17

夏敬华

南京理工大学工学博士、同济大学博士后。现为深圳市蓝凌软件股份有限公司副总裁。长期致力于企业管理和信息化领域的研究和咨询工作，在知识管理、流程管理、战略绩效管理、信息化规划和实施等领域积累了丰富的理论知识和实践经验，曾为多家企业提供企业管理及信息化的建议。其研究和实践经验，形成数十篇理论性文章，在《系统工程理论与实践》、《计算机集成制造系统》等国家核心期刊发表；作为特约撰稿，有多篇专题文章在《21世纪经济报道》、《中国计算机报》、《环球企业家》、《财智》等知名媒体发表。同时出版过《知识管理》、《知识化生存－知识管理方法论》等著作。

新浪微博：

@蓝凌夏敬华　http://weibo.com/u/1323746474

二维码：

附图18

叶葆春

深圳蓝凌软件股份有限公司副总裁，长期致力于企业信息化建设，具有20多年软件行业经验和电信、冶金、制造等行业信息化建设经验，熟悉IBM、Microsoft、Oracle等业界主流产品与解决方案。擅长企业IT规划与架构设计、知识管理、软件企业运营管理。

新浪微博：

@蓝凌叶葆春 http://weibo.com/yebaochun

二维码：

附图19

庄秀丽

一直致力于社会化学习技术应用于开放课堂的实践与研究。2002年成为国内最早一批博客（Blogger），一直实践至今。2007年始以选修课方式，为本科生、研究生开设"开放网络与社会化学习"课程。2008年作为合伙人创建了教育大发现社区（SocialLearnLab.org），秋季学期作为"好看教研"项目负责人，进行了基于开放网络的开放课堂教学的实践探索。2009年初与淄博市电化教育馆合作，针对信息技术教师群体教师专业发展，进行区域化教师教育的自生长学习社区的探索，协作创建了稷下学社教师自生长社区。2011年参与中国和联合国儿童基金会特酷社区2.0项目设计与实施，同年还受美国国务院文化与教育署全额资助，参加当年国际访问者领导力项目，就新媒体发展出访美国考察。

博客：http://sociallearnlab.org/xiuli/

二维码：

附图20

推荐网站

附表1

网站名称	网址	简介
知商网	http://www.51km.com.cn/	比较专业的知识管理网站，汇聚较多知识管理专家和资讯，在线测评工具也非常有用
畅享网	http://www.vsharing.com/	知名信息化门户网站，在知识管理方面有不少值得关注的博客、论坛版块、圈子、专栏和高质量讨论区
中国知识管理网	http://www.chinakm.com/	活跃的知识管理社区，知识内容非常丰富

续表

网站名称	网址	简介
DAOchina	http://www.daochina.com/	历史悠久的知识管理网站，对于知识管理的研究非常深入，在"知识管理专题"中有很多高质量的知识管理文章
the KNOW Network	http://www.knowledgebusiness.com/	一个国际的基于网络的专业知识共享网络。它的主要目的是帮助其会员通过学习世界上先进的知识型企业的经营诀窍和技巧，使组织的绩效提高到可能的最高水平。由 Teleos公司创建，该公司是一家独立的研究公司，专门从事于知识管理和智力资本管理的研究，创建了国际上著名的"最受推崇的知识型企业"（MIKE）研究项目
Sveiby Knowledge Management	http://www.sveiby.com/	拥有斯威比博士授权的文章以及书籍
Knowledge Nurture	http://www.knowledge-nurture.com/	巴克曼试验室的知识管理网站
APQC	http://www.apqc.org/	致力于提高企业生产力和产品质量的非盈利组织
KMTool	http://www.kmtool.com/	全球知识管理专业人士的社区
KMForum	http://www.km-forum.org/	关于知识管理理论和实践的虚拟社区
KMWorld	http://www.kmworld.com/	专注于知识管理技术和产品的杂志
Knowledge Connections	http://www.skyrme.com/index.htm	专注于实施成功的以知识为基础的战略

推荐期刊

《AMT前沿论丛》

AMT咨询办的一本杂志，月刊，专注于"管理提升与信息化应用领域"，面向企业领导者和高级经理人。基本每期都有知识管理专业文章和案例分享，是国内为数不多的包含知识管理的专业杂志。

《IT经理世界》

创刊于1998年3月的《IT经理世界》是一本"专门讨论信息时代企业经营管理问题"的新闻杂志，面向企业中高级管理人员。从创刊之日起，就立志成为中国最好的商业管理杂志，成为"面对更复杂的商业环境，更快速的市场变化，更残酷的市场竞争"的跨世纪经理人的思想伴侣。因为知识管理目前在很多企业仍和信息部门、信息化建设分不开，所以这也是知识管理从业者应关注的杂志。

推荐知识库

作为内部知识库的补充，外部知识库也很重要。我们推荐了三个知识库以供读者参考。根据使用过这些知识库的读者反馈，中国知网的搜索功能比较强大，万方数据知识服务平台在数据挖掘方面存在优势，而KNET在知识关联度方面也做得不错。企业可以根据自己的需要，通过各知识库的网址进行了解选用。

【中国知网】

国内知名数字出版平台，是一家致力于为海内外各行各业提供知识与情报服务的专业网站，包括专题数据库、科学计量评价、网上期刊店、信息服务等栏目和内容。涉及全国传统出版物与非出版物、音像电子出版物资源的数字化建设，是用户广泛认可的知识服务品牌。

网址：http://www.cnki.net

【KNET】

商务资讯平台，拥有功能强大的信息监控和推送工具，使管理决策层、市场销售人员、研发人员、提供培训的人力资源专员、知识管理者能够轻松监控和获取市场最新资讯、业界评论、行业趋势报告、管理和信息化知识，并实现资讯的共享与传播。

网址：http://knet.vsharing.com

【万方数据知识服务平台】

中外学术论文、中外标准、中外专利、科技成果、政策法规等科技文献的在线服务平台。万方有比较强大的搜索引擎，英文方面的搜索比较有优势。特别是其专业分版如万方医学，有针对性，侧重数据挖掘。

网址：http://www.wanfangdata.com.cn

【免费获取资源小技巧】

通过深圳图书馆数字资源，可以访问到中国知网和万方数据知识服务平台的部分数据，对于深圳图书馆的读者来说是免费的，只要人在深圳，拥有二代身份证，就可以办理深圳图书馆借书证，数字资源在馆外也可以访问，只是某些数据库可能只看能看到列表而不能打开具体内容。

深圳以外的读者，也许会发现类似的方法。

推荐院校

如果想要进修知识管理专业，很遗憾，目前在国内院校，还没知识管理专业，所以如果想要深入学习，可以考虑境外的学校。我们分别推荐了一所可远程教育的学校和全日制学校，供读者参考，如果需要更多资料，可以自行在网络搜索。

【香港理工大学】

香港理工大学拥有全国唯一的知识管理及创新研究中心（KMIRC）。中心开设全中国唯一知识管理理学硕士课程，致力于发展有关方面的教学、研究、培训及顾问服务，为工商界、政府及公营机构提供有效的知识管理方案。

知识管理学硕士课程可以在职修习，通过远程教育和现场授课两种方式进行。对于离香港较近的人比较适合。

详细介绍：http://kmirc.ise.polyu.edu.hk/

【伯明翰城市大学（Birmingham City University）】

国立伯明翰城市大学是英国最大的现代化、综合性的高等学府之一，其历史最早可追溯到1843年。原名为中英格兰大学（UCE）其教学质量和教学设施在英国大学中名列前茅。知识管理为研究生课程，非远程教育。

详细介绍：http://qiantu.xdf.cn/university/overseadetail.jsp?univID=125

推荐知识管理服务提供商

知识管理服务提供商，有的侧重产品，有的侧重咨询，有的擅长技术应用，有的擅长搜索，有的优势在于企业2.0……可谓春兰秋菊，各擅胜场，根据企业规模、所处阶段、预算等情况，可以分别选择，我们给出了厂商名字、网址，可以在它们各自的网站上进行详细了解。

以下按公司名称进行排序。

【Autonomy】
中国机构：北京、上海
网址：http://www.autonomy.com.cn/

【EMC】
中国总部：北京
网址：http://china.emc.com/

【IBM】
中国总部：北京
网址：http://www.ibm.com/cn/zh/

【北京拓尔思信息技术股份有限公司】
总部：北京
网址：http://www.trs.com.cn/

【道中国】
总部：深圳
网址：http://www.daochina.com/

【金蝶软件（中国）有限公司】

总部：深圳

网址：http://www.kingdee.com/

【上海泛微网络科技股份有限公司】

总部：上海

网址：http://www.weaver.com.cn/

【上海源天软件】

总部：上海

网址：http://www.visionsoft.com.cn/

【深圳市蓝凌软件股份有限公司】

总部：深圳

网址：http://www.landray.com.cn/

【微软】

中国总部：北京

网址：http://www.microsoft.com/zh-cn/

【智士软件（北京）有限公司】

总部：北京

网址：http://zhishisoft.com/

MAKE大奖

简单来说，MAKE大奖就是知识管理界的奥斯卡大奖。

大奖的八项指标，对于做知识管理的企业来说，可以起到很好的参照作用。有时候，企业因不知道要去哪里而迷茫，MAKE大奖，是提供了一个路标，虽然未必所有企业都希望获得MAKE大奖，但是"取法乎上，得之于中，取法乎中，得之于下"，有这个参照，可以帮助企业知识管理更好发展。因此，我们把MAKE大奖相关资料整合进来，并提供了几个案例，希望这能够成为有意义的路标。

MAKE（The Most Admired Knowledge Enterprise，最受尊敬的知识型组

织）研究项目于1998年建立，其主要目的是为了推崇那些善于利用企业知识创造股东价值的组织。

除了全球MAKE奖研究外，在亚洲、欧洲、北美还设置了区域MAKE研究，以及在香港、印度、印度尼西亚和日本的针对国家MAKE奖的研究。

由全球最大500家企业的领导人和300位最著名的知识管理专家共同选出通过系统性利用知识取得竞争优势的成功企业，选出知识经济时代的先锋企业。

MAKE奖创始人:Rory L. Chase

基本概况：

Rory L. Chase是Teleos公司的执行董事，是一位咨询专家、作家和研究员，致力于知识管理战略和方法的开发和实施。他在各种正式和非正式的知识网络中都非常活跃。

MAKE奖评方式

组织不能直接申请，必须由MAKE的专家池成员提名，提名、入围和得奖都不涉及费用。主要奖项如下：

○ 全球大奖，主要分两种类别；

○ 集团组织（资格——集团或控股组织，包括公司/部门/业务单位/机构等）；

○ 个人经营单位（资格——私人公司/部门/业务部门/企业的机构等）；

○ 国家/地区奖项类别（资格——私人公司/部门/业务部门/机构）。

最受尊敬的知识型企业的研究项目是根据德尔菲研究方法。德尔菲研究方法涉及一组专家，他们拥有某领域的专业知识。这组成员会被询问好几轮问题，每轮结束后，将分享每个人的观点，让每个人相互了解别人的所思所想，这有利于统一专家们的意见，并发现那些起初忽略的因素。下一轮专家们重新考虑他们的意见，重复这样的过程，通常不超过2~3轮。

MAKE奖的最终胜出者，都是由那些领先企业的高级管理者，知识管理专家和智力资本管理专家评选的。通过参与这样的评选，企业CEO们可以意识到竞争对手的优劣势，以及了解同行在8个维度上以知识为基础的战略绩效表现。另一个方面，知识管理专家能够更深地了解企业知识管理的战略以及不同知识流程维度的最佳实践。

在MAKE研究中，有三轮专家达成共识的过程。第一轮，转接小组确定和提名可能的MAKE奖企业（组织不能自我提名，只有MAKE奖专家成员才能提名候选组织），第二轮，每个专家从提名组织中最多选择三家机构，被选择的机构中只能有5%成为MAKE奖的最后候选者。第三轮，也是最后一轮，将从八个方面的知识表现对最终候选的组织进行评测。基于个人经验和可获取的公共信息，MAKE专家成员从八个方面对企业进行具体评分（评分标准为1～10分，最差到最优），综合得分最高的企业，将会成为MAKE奖的获得者。

MAKE研究人员将检验是何种因素影响了专家对于知识驱动组织的理解和认识，主要的影响因素如下：

○ 个人经验——对于高级管理者，这点表现得尤为突出；

○ 国家和国际奖项或其他形式的独立的认知；

○ 在熟知知识管理的协会的关系，如知识网；

○ 出现在高端的商业和知识管理出版物的文章、报告和案例研究；

○ 高级管理者在媒体、会议上等作出有关组织知识管理战略和活动的声明；

○ 公司出版的描述企业知识管理战略的书籍，如西门子的知识管理案例研究；

○ 知识管理经理和参与人员对企业知识的战略、方针和措施的会议发言。

○ 提升和营销以知识为基础的商品/服务/解决方案等；

○ 企业营销是一种知识化的商业模式，如IBM，安永会计师事务所。

与此同时，MAKE的专家成员在评审期间能够很容易地获取到如下相关的财务、非财务指标：

○ 企业利润率；

○ 资产报酬率；

○ 10年的股东中回报；

○ 增值情况；

○ R&D支出占销售额的百分比；

○ 创新能力；

○ 品牌价值的变化；

○ 最佳雇主、社会责任、信誉等的认知；

○ 与其他MAKE企业的比较研究。

MAKE奖评价指标：

这个体系共有八大项目：

1.营造知识驱动的企业文化 （creating an enterprise knowledge-driven culture）；

2.高级管理层领导的知识工作者培养 （developing knowledge workers through senior management leadership）；

3.开发和销售知识型产品/服务（Developing and delivering knowledge-based products/services/solutions）；

4.企业智力资本最大化 （maximizing enterprise intellectual capital）；

5.营造协作性的企业知识共享环境 （creating an enterprise collaborative knowledge sharing environment）；

6.营造学习型组织结构 （creating a learning organization）；

7.基于客户或其他利益相关者的知识来交付价值 （delivering value based on customer/stakeholder knowledge）；

8.将企业知识转化为股东价值或利益相关者价值 （transforming enterprise knowledge into shareholder/stakeholder value）。

10年来数次获得世界MAKE大奖的知名企业：

附表2

企业名称	10年内获得该奖的次数
埃森哲	10
安永公司	10
微软公司	10
IBM公司	9
丰田公司	9
麦肯锡	9
通用电气公司	8
英国石油	8
巴克曼实验室	7
惠普公司	7
壳牌公司	7
普华永道公司	7

续表

企业名称	10年内获得该奖的次数
Infosys	6
诺基亚	6
三星	6
西门子公司	6
3M	5
Google	5
施乐公司	5
世界银行	5

来源：以上资料主要来源于蓝凌网站 http://www.landray.com.cn/landray/act/Make/

目前，中国MAKE大奖由香港理工大学、知识管理及创新研究中心主办，知商网协办，在http://make.51km.com.cn/intro.php上有详细介绍。

2011年，有三家中国机构入选亚洲MAKE大奖：

招商银行远程银行中心

网龙网络有限公司

西门子（中国）有限公司

案例分享

西门子：知识管理的发展路程及在中国的最新实践

西门子的知识管理享誉业界，被许多人视为一个标杆。它历年均获得知识管理界著名的"最受钦佩知识管理企业（MAKE）"大奖，还连续入选美国生产力和质量中心（APQC）知识管理的"最佳实践"，在实践过程中提出知识管理成熟度（KMMM®）、知识战略规划（KSP）等多种框架、模型和方法，在一些杂志期刊上也有相关案例总结及分享。

实际上，西门子的知识管理实践之旅，一路上也是风风雨雨。下图展示了自1995年以来西门子知识管理发展历程中的一些关键里程碑，其整个发展历程可以分为如下3个阶段：

第一阶段：觉醒萌芽阶段（1995—1999）。在这个阶段，知识管理开始在西门子内生根发芽，越来越多的人开始有意识尝试知识管理。任何新的事物或思想，总需要一些前行的研究和思考者。早在1995年，西门子中央研究院I&C创新中心就已经将知识管理列为长期的研究课题，后来在1999年还专门成立了知识管理部门；接着一些试点项目开始推行，例如 "知识流管理" 项目的启动、第一个跨部门搜索引擎的发布以及ICM/ICN业务集团知识管理平台"共享网Sharenet"的构建等，这些实践活动让人们开始从 "知" 到 "行"，通过不断体验进行总结和改进；另外在这一阶段，知识管理专家实践社区的成立也起到了凝聚人气、共享理念、普及新知的重要作用。

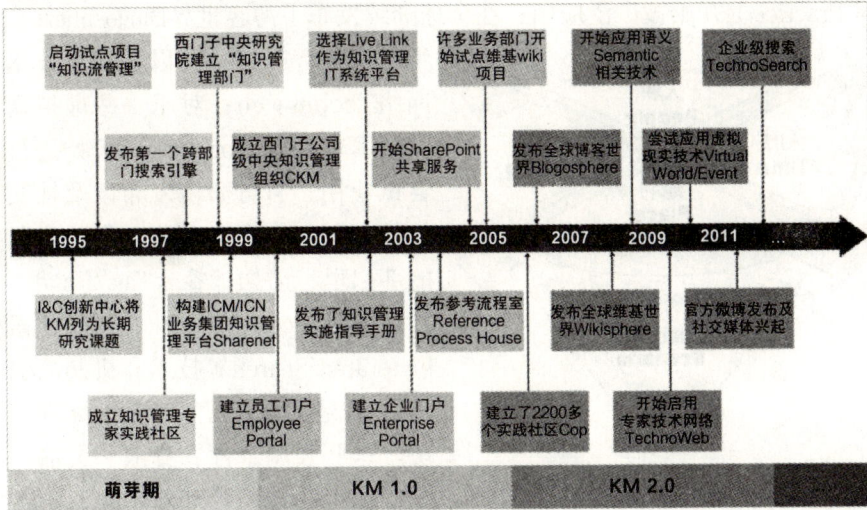

附图21

第二阶段：规划导入阶段（2000—2005）。经过上一阶段的准备和酝酿，时机慢慢在成熟，西门子开始考虑在整个公司层面实施知识管理。在1999年，西门子正式成立公司级的中央知识管理组织Corporate Knowledge Management Office （CKM），之后从不同的业务或职能部门抽调专家组成联合团队，联合外部的咨询公司，进行整体的知识管理规划及系统导入。该组织在项目结束后也完成了使命，于2004年团队成员又回到了各自的业务领域中，继续作为基层知识管理的发动机在发挥着重要的作用。这一阶段成果丰硕，开发出一系列跨业务单元及部门的知识管理相关方法、标准及服务。诸如知识管理实施指导手册的发布、选择LiveLink作为公司级的知识管理IT系统平台、建立西门子企业门户、发布西门子参考流程室等，都是里程碑式的重要事件。在此阶段，还形成了知识管理成熟度KMMM®评估、知识战略规划KSP等知名的模型、框架及方法论。我们现在看到的一些西门子知识管理案例的介绍，基本上都是这一时期的实践总结。这种配合战略、组织结构、流程、技术、文化等关键要素，注重整体规划、系统实施、从上而下的推进策略无疑是一种非常典型的知识管理实践，我们可以称之为第一代知识管理（或KM1.0）。

第三阶段：升级发展阶段（2006—现在）。自2005年开始，西门子的知识管理实践开始出现一些新的苗头。例如实践社区Cop（Community of Practice）开始被广泛应用；在全球陆续发布了博客世界Blogosphere、维基世界Wikisphere以及专家技术网络Technoweb；对于一些虚拟现实技术Virtual World/Event开始进行尝试应用；官方微博发布以及社交软件的兴起；在各个业务集团或职能部门里，诸如标签云Tag Cloud、社交网络Social Network、联邦检索Federated Search等技术和机制的引入，更是如雨后春笋一般纷纷出现。这些强调个性、分散、灵活、贴近员工的知识管理新实践，正在为西门子庞大的肌体提供了另外一种方式的补充。我们将这种强调个性发挥、从下而上式的知识管理实践，称之为第二代知识管理（或KM2.0）。

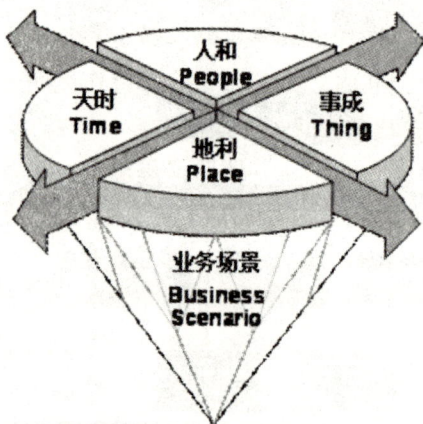

知识晶格（Knowledge Lattice）

附图22

西门子在中国的知识管理团队于2005年年底正式在北京筹建。作为西门子全球知识管理的四大中心之一（其他三个中心分别在德国的慕尼黑、美国的普林斯顿以及俄罗斯的圣彼得堡），由吴庆海博士带队的中国知识管理团队，负责西门子中国及亚太区知识管理相关的研究、咨询、项目实施以及培训推动等工作。在过去几年的实践中，西门子中国知识管理团队贴身服务西门子内部客户，在不断的实践和总结基础之上，提出了知识管理"晶格化（Crystallization）"模式，强调将知识管理融入到业务（KM Immersed）中，以价值产出导向的业务活动为主线，以人的体验和感受为重心，让知识紧密地与人和事结合，从而实现某业务目标。管理及业务的诸多活动分解到末梢，都会回归到人运用专业技能和经验解决问题的过程。具体讲就是某个角色（人），在某一个具体的时间（时）和场合（地）里，运用自己的专业技能、经验、人脉等知识，解决和处理某一件具体的事情（事）的过程。他们把这种针对具体业务应用的"因天因地，因人因事"的知识管理方式称之为情景式知识管理（Scenario-based Knowledge Management）。所谓天时、地利、人和、事成。知识融入到业务的细枝末梢，自成体系，形成一颗颗璀璨的知识晶格（Knowledge Lattice）。如同一个组织机体的细胞、每个晶格都能够做到自我反应、自我管理、自我学习以及自我适应，那整个组织必将保持旺盛的生命力和强大的战斗力。知识的晶格，将打散分布在各个的业务应用和情境里，与业务同呼吸、共命运，紧密契合，合作无间。这将是对过去"形式大于内容"知识管理做法的一种颠覆。

涉及如何进行具体实施落地，吴庆海博士及其团队又提出了"业务应用重构（Business Application Re-engineering，简称BAR）"的思想，即结合最新的技术和管理发展趋势，例如web2.0、云计算、移动互联网、开放式创新、强调交互参与等，以人为中心，对组织的业务及其应用重新进行设计及优化，以提升组织的效率及效能。目前，业务应用重构思想已经得到了贯彻，西门子中国的知识管理团队已经为许多部门成功实施了不同领域的项目。例如结合战略发展部的3i合理化改进、人力资源部的导师制Mentoring、全球共享服务中心的常见问题解答库FAQ、中央研究院的创新项目实验室Innovation Lab等业务活动，通过业务应用重构，优化了相应的业务流程。基于web2.0思想构建的IT工具，也让业务人员如虎添翼，能够更高效地开展其业务活动。从某种程度上讲，当用知识管理的理论、方法和工具对业务进行重构后，才能让知识管理真正融入到业务之中。业务被重构翻新过一遍之后，甚至重新焕发生命的光彩。

在多年深入理解业务和洞悉未来趋势发展的研究基础之上，西门子中国知识管理团队更是从公司整体的视角去思考，提出了构建企业2.0知识协同及决策支持系统（Knowledge Collaboration & Decision Support System，简称KDS）大平台的想法。这将是一个全新的企业智慧型的社交网络平台，它将对全员提供一个一站式的协同工作窗口。通过该平台，员工可以搜索信息、查找文档、提交创意、申请导师、建立圈子、寻找专家、结识同事、进行项目协同管理、发表自己所思所想等。凡是与信息发布、经验传递、知识分享、协同工作、决策支持等方面的事情，都是该平台关注的内容。其次，该平台将重点关注用户体验，按照以人为中心的理念进行设计架构，界面友好，操作简单，用户甚至不需要做专门的培训就能自己上手。通过引入语义分析，数据挖掘等技术，该平台甚至可以根据用户的专业、偏好、日常操作习惯等，智能地进行个性化定制和定向知识的推送。同时，该平台具有很好的拓展性。用户日常工作都可以依托该平台完成。当涉及后台如企业资源规划（ERP）、客户关系管理（CRM）、产品生命周期管理（PLM）等企业级重系统应用时，该平台能够进行企业应用集成。通过开发相对应的接口，用户直接在KDS平台上一些轻量级的应用模块与后台这些重量级系统进行交互。未来，KDS平台还需要开放一些应用开发包（SDK），以提供平台共享的核心服务及应用接口。如果这样，现有企业应用软件开发的商业模式甚至都可能被改变。如同苹果公司的APP Store应用商店模式一样，KDS平台也可以为企业提供一个类似的APP Store应用商店。用户或其他第三方可以结合各自的业务特点和业务场景开发出更多、更实用、更新颖的应用来，而这些应用又可以反哺给KDS大平台，放到上面为其他人所复用。

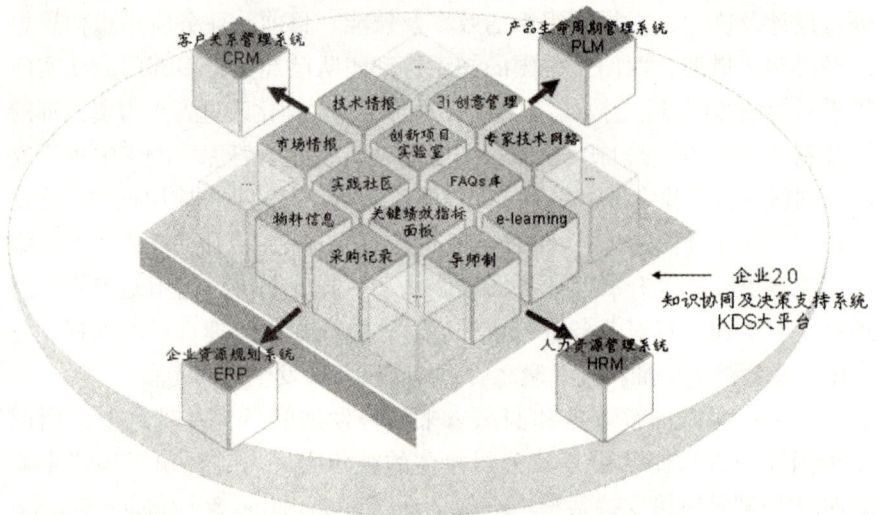

附图23

面对这个新的目标，中国知识管理团队开始了新的征程。他们走访了不同的合资公司，与不同的业务及职能管理部门进行接触交流，并借助各种不同的场合进行KDS大平台理念的宣讲，以便让更多的人理解和参与到KDS大平台的建设和实施中。作为KDS大平台有机的组成部分，目前陆续上线的创意管理3i系统、导师制mentoring系统均收到最终用户大量的好评，为KDS大平台未来拓展奠定了坚实的基础。互联网上的社交网络正在改变着大家的生活，拓展到社交商务，企业2.0的大趋势必然对企业未来发生深远的影响。顺势者昌，因此如果能够让更多的人、更多的业务及早加入KDS平台的大家庭中，则会形成更大的势能，这必然会吸引更多的人和更多的业务加入进来，从而实现良好的螺旋上升势头。这就是中国知识管理团队努力的方向。通过企业2.0智能社交KDS大平台，实现管理突破，厚实之躯，仍显轻灵。梦想并不遥远，路径就在当下。

（来源：西门子（中国）有限公司 首席知识管理专家 吴庆海）

网龙：创意型组织的创新价值链

网龙网络有限公司（NetDragon Websoft Inc.），成立于1999年，是中国网络游戏与移动互联网应用的开发商和运营商的领导者之一，总部位于中国福建省福州市。网龙于2008年6月24日以介绍形式转至港交所主板上市（主板股票代码：00777.HK）。

网龙凭借先进的研发核心技术、敏锐的市场洞察力和广阔的国际视野，推出一系列具有自主知识产权的原创网络游戏产品以及无线软件产品，成为中国民族网络游戏、移动互联网应用的领跑者和海外市场拓展的先行者。

网龙于2008年开始布局移动互联网领域，现已在移动互联网领域拥有最专业的开发和运营团队。对外推出SNS开放平台、91手机产品、App Store等业务，覆盖Iphone、Mobile、Symbian、Meizu、Java等众多平台。旗下拥有91熊猫看书、91手机助手、91手机门户、安卓网等深受用户喜爱的产品。其中，91熊猫看书是最优秀的跨平台图书阅读软件，91手机助手是目前智能手机用户最普遍使用的管理工具，安卓网已成为国内最大的android社区。同时，网龙正在布局SNS大社区，即将推出Gamecenter，开放SDK，将有更多的优秀应用加入产品行列。

为满足全球用户不断变化的需求及市场发展，网龙公司还在图像管理、即时通信、理财、知识管理、娱乐互动、SNS等领域推出系列应用软件，包括91背单词、91算命、91理财、91笔记、91U、91炫图、91看图、91坛子、91看书、开心学习等应用软件，为用户提供更丰富的游戏及娱乐服务。

多年来，网龙始终致力于培养自主创新为主的研发核心竞争力。技术研发上，目前已自主研发2D、2.5D引擎，并斥巨资引进动作捕捉仪和业界最先进的3D游戏开发引擎——Unreal 3 Engine，具备开发各类网络游戏的技术储备；人才培养上，网龙始终以投资的眼光看待人才引进和培养，以优于业界的薪酬福利回馈优秀人才，拥有国内最好的网络游戏研发团队——天晴数码；游戏运营上，网龙公司在国内第一家引进全球顶级传播公司奥美公司为游戏运营提供专业营销传播和CRM客户关系行销专业指导，提升游戏行业运营的专业化程度；企业管理上，网龙公司倡导快乐、学习、创新、真诚的企业文化，用快乐颠覆生活，管理游戏化，工作游戏化，学习游戏化，通过ERP管理系统对游戏开发全程管控，打造基于互联网技术支持的学习型组织。

一、建立以知识为本的企业文化

1. 网龙是一个知识型的组织，我们的企业文化里把"学习"和"通过学习来创新"作为企业的文化的DNA。我们的知识型文化和行为的核心概念是"学习"与"创新"。"工作学习化"、"学习工作化"作为我们日常的一种组织形式，在各部门和各职类中设有学习官，定期开展学习会。在公司内部"7+1"工作作息方式，其中"1"就是学习和创新的一个小时。

2. 高层管理由"CKO+CIO"组成，确保知识与IT技术完美结合。组织中有专门的知识管理部门负责管理的推动，有网龙大学负责知识的分享，在各部门还有由业务骨干兼职的学习官，确保每个员工都能够基于知识进行工作。

3. 网龙的使命是：用快乐颠覆生活。在这个使命下，网龙共有三条以知识为驱动的战略措施：寻找最佳实践、用IT技术固化、游戏化。寻找最佳实践是知识管理的基础，IT技术是最佳实践得以固化和容易获得的保障，游戏化是让"知识让人乐于分享、接受和传递"的机制。

二、企业领导对于知识员工的培养

1. 网龙公司的管理者的管理风格用一个词来概括——"开放"，同时我们鼓励向竞争对手学习，保持一颗敬畏的心"、"向外部专家学习，保持海纳百川的胸怀"、"向异业学习，保持创造性的思维"。我们将管理层对管理和知识的思考出版为《渔说》一书，并通过"渔说微博"不断地和员工进行交流和思考，同时我们每周三次的培训会，分别对每天对"网龙要做什么"、"网龙将要做什么"、"网龙应该做什么"进行讨论和思考。

2.同时我们还通过内部认证讲师以及双通道晋升、游戏化星级、积分系统等措施为员工提供及时奖励。

三、研发和销售知识型的产品/服务/方案

建立在创新价值链上的知识管理

公司内部有完整的一套系统的KM平台，通过这个平台把所有的员工组织在一起，及时分享资讯与知识。有完整的eSOP系统，保证最佳实践及时得到应用。有BUG管理部门及时发现内部的问题并促进改变和完善，使知识管理进入PDCA循环。现在正在推进的是"碎片化学习系统"，通过手机等移动设备，把碎片化时间利用起来进行学习。

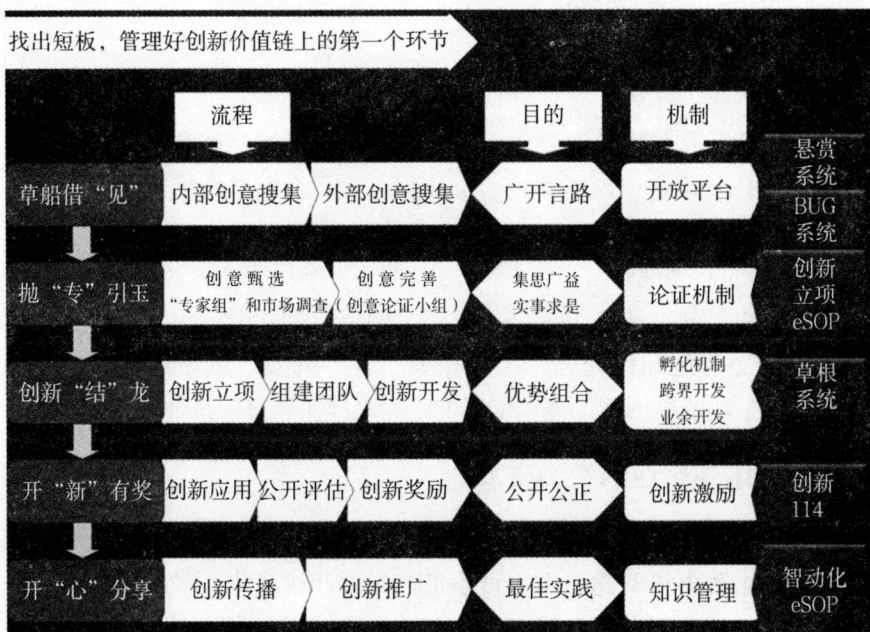

附图24

1.草船借"见"。

草船借"见"环节的主要流程包括内部创意搜集和外部创意搜集，采用开放平台的机制来实现，目的是"广开言路"。目前该环节的奖项

设置主要是两个方面：

①问题界定。奖励在问题界定方面（清晰地完成问题界定、描述）做出贡献的人员。

②内部搜集意见。在内部提出好的意见的人员给予一定奖励，可以根据建议的重要紧急程度、价值等分出对应等级，给予不同级别的奖励。

2.抛"专"引玉。

抛"专"引玉环节主要包括创意甄选（专家组和市场调查）和创意完善（创意论证小组）两个流程，引进"论证机制"，来实现创新能够"集思广益、实事求是"的目的。该环节在创新价值链中的功能比较集中，可以设置一个"抛专引玉奖"。

3.创新"结"龙。

创新"结"龙环节包括创新立项、组建团队、创新开发几个流程，通过孵化机制、跨业开发、业余开发的机制理念指导，期望实现优势组合的目的。

4.开"新"有奖。

开"新"有奖环节主要是面向创新成果来进行评估和奖励，包括创新应用、公开评估、创新奖励三个流程，践行及时奖励机制，保障各环节公平公正。

5.开"心"分享。

开"心"分享环节包括创新推广、创新传播两个流程，在这个环节最重要的是引进知识管理，加强相关工具的开发、创新成果推送等功能，在这个环节里创新传播、创新推广和最佳实践可能是并行的。

四、增强企业的智力资本

1.我公司在知识产权的保护方面，非常重视，积极开展知识产权保护工作，由董事长刘德建先生直接负责知识产权管理，下属管理机构为法务与政府事务部，拥有较完整的知识产权管理制度及申请流程。在商标保护方面，自创了"TQ"、"征服"、"机战"、"魔域"、"开心"等一系列品牌。

为开拓国内市场，至目前为止，公司在国内已申请注册的商标数共计120件，其中已获得商标注册证书70件；著作权保护方面已获得著作权登记证书62件；在专利申请方面：有7项专利正在申请中。已获得ND（市知识商标）的称号，网龙（省著名商标）的称号和91（省著名商标）的称号。在知识保护工作上取得了不错的成绩。

2.我公司定期开展知识产权培训工作，主要组织相关部门的知识产权负责人员进行相关知识的培训与讨论，由法务与政府事务部知识产权专员负责培训工作。认真结合法律法规，政府政策，在实践中总结经验和不足，积极培养员工的知识产权保护意识。网龙以"学习、努力、争取"为公司文化的精髓，积极在国内和国际各种大型展会及重要刊物上进行广泛宣传，树立企业名牌，并通过企业品牌的知名度来促升公司产品的市场竞争力，用完善的知识产权保护促进市场发展，并以优良的市场竞争力提升企业品牌知名度，共筑企业知识产权体系，形成相辅相成的管理体系。

五、建立和维护知识分享的环境

1.通过激励制度促进员工们的分享，例如：公司内部建立了悬赏系统，可以针对一些具体问题广泛收集公司内全部员工的建议与创意，而被采纳的建议与创意将获得积分奖励，积分可以兑换各种奖品。

2.公司为员工提供各项管理和学习系统，为员工提供良好的工作环境，比如：ERP（下单系统）+eSOP（基于工作流程的电子表单系统）+91U（内部即时通信工具）+NDCIA（情报信息平台）+程序知识库。

六、建立及维护不断学习的企业文化

公司主要基于员工培训以及各项完善的电子学习平台来进行维护不断学习的企业文化。

我公司具备E-Learing学习系统，2010年全年公司在培训和发展的预算为439 890元。培训完成率119%，共开班176场，培训总体满意度95.1%，总培训小时数36 809小时，其中管理人员人均参训时数64.82小时（＞8天），我公司培训类别分别为：管理人员培训、新员工培训、技术类培训、团队建设拓展类培训、管理案例学习等。（辅助补充：培训形式：讲授、案例研讨、情境模拟、录像教学、workshop、联系、角色扮演、小组讨论、拓展体验等。）

七、运用顾客/客户知识来为其提供价值

1. 公司设有客户中心，拥有完善的客服系统，客服会定期接收到客户的反馈，同时公司会有相关的部门对客户进行产品功能的满意度进行调研，目前公司对每个用户和产品的接触节点基本实现全数据监控。

2. IT企业因行业特征优势，在客户信息采集上较为完善。目前采用客户定期回访，产品的交叉销售方式，通过对客户反馈信息和CRM系统的管理，效果是非常明显的，效果也是最佳的。

八、管理知识并创造股东（或社会）价值

网龙认为，建立企业商誉的核心是打造伟大的产品或服务，在此前提下，再经富有创意的传播规划、长期且大量的承诺、宽广的渠道及到位的执行最终加以达成。例如，网龙十分重视对网游产品品质的追求，为此在游戏研发方面投入重金，精益求精，期望为全球玩家带去别致的互动娱乐体验。进而，网龙亦全面规划企业商誉的全方位传播，综合运用广告、节事、公共关系、互动营销、口碑传播、地推等手段，在公众中树立网龙的商誉。除了享有盛誉的游戏之外，公司目前在无线项目和教育产品线上载国内也有了一定的声誉：

1. 无线项目：91和安卓基于ios和Android两大智能平台的分发业务的领先地位，现在安卓网注册用户数超过400万，日均PV约800万，日均IP约45万。安卓市日均软件下载量突破180万次。91助手累计的下载量已经达到了25亿。

2. 天渔教育项目：天渔教育591up作为网龙公司核心业务之一——在线教育的品牌，为公务员考试和职业教育提供完整的在线学习解决方案，将独创的交互式学习引擎与SNS理念融合，建构一个轻松、高效的学习环境，并有网站、软件、手机端3个平台。

未来商业计划：

网龙集团未来三年将大力拓展海外游戏业务，和更多的世界级公司合作，继续保持中国游戏行业海外拓展领导者的地位。

加大对无线业务的研发投入，在"易用性"和"更好的体验方面"能够做得更出色。同时加大传播力度，使"91手机助手"和相关应用成为移动互联网的最佳品牌。

除了大力发展我们已经很有竞争优势的"游戏、无线"业务外，发挥我们在"游戏和无线"所积累的核心能力，增加一个新的网络教育业务，争取在网络教育行业成为一个优秀的创新者。

在管理方面，网龙将深化"学习型组织"的建设，全面实现员工的自主管理和全员创新，通过更多的知识管理和学习工具，实现员工的"快学习"和"高成长"，提高智力资本的回报率。

（来源：网龙网络有限公司）

招商证券：金融公司如何利用知识创造优势

背景：证券业的困境

○ 同业竞争已成红海；

○ 证券公司的业务模式具极强可复制性；

○ 证券业大者不强，小者不弱；

○ 同业过度竞争导致创新乏力；

○ 银行的竞争使得资产管理业务受到银行理财产品、公募基金、私募信托的强力挤压；经纪业务的主要客户渠道控制在银行手中。

证券公司将要从传统性的金融中介走向知识与资本型中介。知识与资本型中介，是向客户提供规模更大、品种更多、跨越时空的中介业务，是主动创造流动性的中介业务，是知识融合资本后的业务，是拓展业务广度和深度的助推力。

招商证券的知识管理

一、招商证券的知识管理方法论

运营企业最重要的无形资产——知识，促进内外部知识资源的积累、分享、应用与整合，知识成为生产力。

诠释1：资产管理：知识流程化——知识的持续有效留存；

诠释2：资产使用：流程知识化——指导员工做正确的事；

诠释3：资产运营：知识产品化——知识产品的主动分享、传承与推送；

诠释4：资产增值：知识资本化——创新知识转化为生产力、内部知识资源整合利用。

二、招商证券知识管理工作主要从管理支持、内容体系建设、IT支持、文化推动四个方面进行

1. 管理支持维度。

（1）引入知识管理机制，包括运营机制建设、激励体系设计、专家队伍建设。

（2）引入了导师制。进行了人才库建设，启动"三个一"人才工程：即100位核心的管理人员，100位核心专家，以及100位高级投资顾问。

（3）公司培训体系的建设。博士后流动站的设置。

2. 知识管理的内容体系。

知识分类体系梳理。首先进行多维度知识分类体系梳理，并梳理了公司流程知识点。

知识库建设。包括经典案例库、法律法规库、常用模板库、培训材料库。

知识管理的四个一工程。

第一，百家大讲堂。怎么调动领导、专家的积极性？招商证券搞了百家大讲堂活动，计划在三年之内进行一百多场活动。总裁、副总裁、专家等都可以上台去讲。

第二，整理案例库。每个业务部门都在整理业务案例库，把案例进行分类，同时进行评比活动，促进业务部门进行案例组织工作。

第三，核心知识地图。招商证券建立了公司的百张知识地图，以岗位知识地图为工作重点。招商证券有4000多位经纪人，有300位投资顾问，核心岗位都建立知识地图，把岗位所需要的流程、经典案例都整合在一起给员工进行学习，对员工是非常有价值的导航。

第四，专家体系建设。建立公司各业务领域核心专家队伍。

3. IT支撑。

（1）知识管理系统建设。包括公司知识管理平台、研发知识管理平台、ELEARNING系统的建设。

（2）流程知识化实施。通过知识流程化工作，有效地输入、输出，这是知识管理的长期建设。

（3）知识管理系统与业务系统的融合。逐步实现知识管理系统与公司主要业务系统的融合。

（4）移动知识管理平台。招商证券移动办公平台项目在2012年上半年上线，员工可以通过手机登录知识管理平台发布、学习、推荐、点评知识。

4. 文化推动。

（1）长期有效的理念宣导与培训，使得知识管理理念深入人心。

（2）通过知识管理活动、知识社区建设活跃组织的知识管理氛围。

三、知识管理的难点问题

1. 员工的参与。《孙子兵法》说"攻心为上"。员工参与知识管理有三个过程，首先是推动阶段，其次是引导阶段，第三是自发参与阶段。

2. 管理的范围。知识管理到底管什么？怎么管？大家到底需要什么？需要我们不断地研究与探索。

3. 知识的应用。培根说："知识就是力量。"德鲁克说："知识只有通过有目的、有系统、有组织的学习，才会变成力量。"如何从培根到德鲁克，也即是从"组织型学习"到"学习型组织"的过程。

四、对知识管理的认识

1. 知识管理之道——上善若水，水善利万物而不争。

政善治——根据不同行业，不同企业的不同发展阶段和文化，采取不同的管理模式；

事善能——因地制宜，在不同领域发挥不同的作用，与其他管理工具的融合；

动善时——因时制宜，在合适的时机做合适的事情。

2. 知识管理工作者，要有海纳百川的胸怀，其次要有润物无声的智慧，最重要的一点要有滴水成涓的执着。

（来源：招商证券股份有限公司）

知识管理百宝箱

1. 三代知识管理演进一览表

附表3

项目	KM1.0	KM2.0	KM3.0
知识载体	以资讯科技（IT）系统为焦点	焦点逐渐转移到以人（People）为本	创新的能力与思考的技术成为知识应用新焦点
知识范围	企业内部知识工作者	企业内部、外部客户、合作伙伴间的协同与分享	虚拟组织资源与实体组织资源的同步管理

项目	KM1.0	KM2.0	KM3.0
知识衡量	知识文件存储数量与点阅次数	综合平衡计分卡四个层面，让KM的应用成果与组织绩效相结合	多元目标、多元价值体系成形，建立企业内外整合的知识价值链
知识内容	知识文件存储	知识库、知识社区、专家黄页建构与连接	KM与EC, CRM, SCM, ERP以及智慧成本、创新思考结合
知识活动	焦点在知识管理系统进行知识存储、采集及再使用	焦点转移到结合实体活动与资讯系统，进行知识螺旋式的加值活动	跨领域训练、类比思考、知识领悟成为新焦点
知识价值	知识待存储，拥有相关知识，就拥有相关权利	KM进入高成熟阶段，知识内容丰富，透明且容易取得	人人可以成为知识创造者，知识专家将成为众多知识拥有者之一

2. 知识管理准备期调研问卷范例

机构内部初步问卷

您的姓名：　　所在部门：

前言

管理专家彼得·德鲁克认为"目前真正的控制性资源和生产决定性因素既不是资本，也不是土地和劳动力，而是知识"。

在知识经济时代，知识已成为经济增长、社会发展以及企业成长的关键性资源，知识管理也成为新兴且日益重要的研究课题，越来越多的机构通过知识管理来塑造自身的核心竞争力。

目的

本次调查的目的在于了解机构在经营及管理中对知识管理的需求，以及管理层和员工对知识管理的认知和认同，以便在此基础上评估实施机构知识管理的可行性和必要性，作为制订机构知识管理战略和实施方案的初步参考依据。本次调查后还将进行后续的访谈和问卷调查，以掌握机构的知识资源管理需求。

说明

填写本调查问卷大约需要30分钟的时间，而您的观点对于本次调查获得准确的相关数据是极其重要的。本次调查将以实名的方式进行，您所填写的资料仅供咨询顾问用于分析评估机构知识管理的现状和需求，机构承诺不针对回函中表达的任何意见进行追究，并把回函作为机构内部机密文件进行保密处理。

因为大多数问题只需在最符合您所在机构情况的答案前面的"□"里面打"√"，所以除非有特别注明之处，一个问题应该只有一个答案。

词汇释义

知识：是从相关信息中过滤、提炼及加工而得到的有用资料，而在商业领域，知识指与企业经营及管理的各个要素（市场、客户、竞争对手、技术、产品、员工、供应商、合作伙伴、股东、业务流程、管理流程）相关的有价值信息及资料；分为显性知识和隐性知识，既包括直接的知识内容，也包括间接的专家（含专业机构）智慧渠道和知识渠道。

知识管理：是一门将机构知识资源视为可管理的资产的管理科学，是由机构资产/资源的无形化和知识化所直接引致，并由机构经营及管理方法的复杂化和知识化所推动，进而对机构信息和知识资源进行系统化管理的科学。

知识管理战略：着眼于推动知识资产的形成、储存、分享和应用，以提升机构竞争力的机构发展战略，分为知识编码战略和个性化战略。

机构知识管理系统：用于管理知识资产的基于信息技术的机构资源管理系统；一般包括机构知识库、知识交流平台和个性化管理工具三部分，协同完成知识资源的形成、储存、交流、应用和创新。

知识总监：是机构知识管理部门的负责人，一方面总管知识管理的工作，另一方面作为机构战略及决策层的核心人员参与机构经营及管理的决策，并依托机构知识资源和机构知识管理部门设计开发服务于机构内部和外部的知识产品和知识服务。知识总监（熟悉业务的管理专家）一般需要对机构的战略和经营管理非常熟悉，同时熟悉信息技术。

第一部分　对知识管理的认知情况

1. 您在参加本次调查活动以前是否听说过知识管理？
□ A. 是
□ B. 否

2. 您对与知识管理概念和理论相关的学术文献的熟悉程度如何？

□ A. 非常熟悉

□ B. 有一定了解

□ C. 不熟悉

3. 您如何评价目前所获信息及知识分享的质量对您工作的支持？

□ A. 非常满意

□ B. 满意

□ C. 一般

□ D. 不满意

4. 您认为在机构运营中知识的交流和分享在哪方面发挥的作用最明显？

□ A. 为经营规划与分析提供决策支援

□ B. 在产品（包括工业产品和服务产品）设计与开发过程中增强分析及解决问题的能力

□ C. 提高产品生产及服务的质量和效率

□ D. 提高客户服务与管理水平，改善客户关系

□ E. 为员工管理、教育与训练提供支持

□ F. 其他，请描述

第二部分　知识管理战略

5. 您认为机构有没有必要制订知识管理战略？

□ A. 有必要（选择此项请回答第6题，否则请继续从第8题开始回答）

□ B. 没有必要，请说明最主要原因

□ C. 不清楚

6. 您是否打算游说机构的管理层尽快制订知识管理战略？

□ A. 打算（选择此项请继续从第8题开始回答）

□ B. 不打算（选择此项，请回答第7题）

7. 什么原因导致你不打算游说机构的管理层尽快制订知识管理战略？

□ A. 职位低下，说也没有用

□ B. 自己了解不深，说不清道不明

□ C. 知识管理理念不错，但缺乏具体的操作模式，很难成功

☐ D. 现在工作就已经够忙的了，不想没事找事干

☐ E. 机构内只有少数人了解知识管理，时机不成熟

☐ F. 国内缺乏合适的知识管理咨询机构，说了也无法实施

☐ G. 机构管理层本身缺乏认识，难以沟通

☐ H. 其他，请描述

8. 您认为机构选择知识管理战略的依据应该是？（可选择多项）

☐ A. 提供标准化产品还是定制产品

☐ B. 产品是成熟产品还是创新产品

☐ C. 员工靠显性知识还是隐性知识解决问题

☐ D. 其他，请描述

9. 您认为机构最适合采用哪种知识管理战略？

☐ A. 编码战略（经过精心编码的知识存储在数据库中，企业员工都可方便地调用）

☐ B. 个人化战略（知识跟开发知识的人员密不可分，知识主要通过人员之间的直接接触实现共享）

☐ C. 两者相结合

☐ D. 其他，请描述

10. 您认为机构哪个部门最适合负责制订知识管理战略？

☐ A. 总经理或首席执行官

☐ B. 人力资源部

☐ C. 信息技术部

☐ D. 专门的知识管理部门

☐ E. 跨部门的业务委员会

☐ F. 其他，请描述

11. 您认为机构在制订知识管理战略的过程中有没有必要邀请外部智慧援助？

☐ A. 有必要，请说明最主要原因

☐ B. 没有必要，请说明最主要原因

12. 您如何评价外部智慧援助在知识管理战略制订过程中发挥的作用？

☐ A. 非常重要

☐ B. 重要

☐ C. 一般

第三部分 知识管理项目的实施及评估

13. 你认为知识管理项目实施过程中哪些步骤对于机构是必要的。（可选择多项）

☐ A. 机构内部评估知识管理项目实施的必要性和可行性

☐ B. 选择知识管理咨询服务商

☐ C. 分析机构的专业知识资源的构成和需求

☐ D. 规划和设计知识库的知识分类体系

☐ E. 由知识管理咨询服务商辅助机构选择知识管理软件服务商

☐ F. 规划、开发机构知识管理系统（软件）

☐ G. 建立知识管理部门并设置相关的专责人员（专职和兼职）

☐ H. 规划知识管理部门及人员的职能

☐ I. 建立机构知识管理的运作机制和管理准则

☐ J. 组织与知识管理理念和实践应用相关的培训

☐ K. 跟进评估运作效果并不断完善知识管理相关的运作

14. 您认为机构有没有必要建设知识管理系统？

☐ A. 有必要，请说明最主要原因

☐ B. 没有必要，请说明最主要原因

☐ C. 不清楚

15. 您认为机构如果引入知识管理系统应比较看重以下哪些模块？（可选择多项）

☐ A. 知识库 － 通用商业知识资源（辅助经营管理的宏观经济、行业经济、细分市场、商务、企业经营及管理等外部知识资源）

☐ B. 知识库 － 支持经营及管理决策的信息（经营管理数据、信息、研究分析等）

☐ C. 知识库 － 经营及管理的制度规范（目的说明／管理流程图示／操作指引／标准文本／执行人员指引／管理人员指引／审批权限指引／监督机制／奖惩制度）

☐ D. 知识库 － 经营及管理的经验智慧（泛文档管理、案例、专家渠道、培训考试）

☐ E. 专家系统（为员工提供一个寻求问题解答和知识共享的渠道）

☐ F. 知识交流平台（企业论坛、公告板、个人留言板、内部E-mail

通知等）

　　☐ G. 个性化管理工具（让员工将实际工作及学习中需要的内容，定制到个人的知识库中）

　　☐ H. 工作协同模块（包括内部服务申请、工作流程、项目协作、反馈系统等）

　　☐ I. 其他，请描述

16. 您认为哪种组织模式最适合机构用于开发知识管理系统？

　　☐ A. 完全自己开发，包括功能规划和软件开发

　　☐ B. 自己规划功能，软件外包给开发商

　　☐ C. 邀请专业顾问机构规划功能，自己开发软件

　　☐ D. 基本上外包给专业顾问机构与软件开发商，自己积极配合

17. 您认为哪些项准确地描述了知识管理系统在机构运营过程中发挥的作用？（可选择多项）

　　☐ A. 降低成本

　　☐ B. 推动信息分享和内部知识创新

　　☐ C. 促进与机构外部资源的知识交换

　　☐ D. 提高迅速满足市场需求的能力

　　☐ E. 提高研究及开发的能力和效率

　　☐ F. 提高生产及服务的效率

　　☐ G. 提高满足顾客对产品和服务需求的能力

　　☐ H. 协助不断提高产品和服务的质量

　　☐ I. 提高管理供应链的效率

　　☐ J. 协助员工管理、教育与训练

　　☐ K. 其他，请描述

18. 您如何评价外部智慧援助在知识管理系统开发过程中发挥的作用？

　　☐ A. 非常重要

　　☐ B. 重要

　　☐ C. 一般

19. 您认为可以采用下面哪些方式来度量有效知识管理与经营成果之间的联系？

　　☐ A. 技术水平

☐ B. 生产率

☐ C. 盈利能力

☐ D. 顾客满意

☐ E. 股东价值

☐ F. 员工满意度

☐ G. 竞争位置

☐ H. 其他，请描述

第四部分　知识管理部门及职位

20. 您认为机构是否有必要设立知识管理部门？

☐ A. 是

☐ B. 否，请说明最主要原因

21. 您认为该部门负责人应该向谁报告工作？

☐ A. 董事会，请说明最主要原因

☐ B. 总经理，请说明最主要原因

☐ C. 副总经理，请说明最主要原因

☐ D. 其他，请说明最主要原因

22. 你认为以下的哪些活动最好地描述了该部门的角色和职责？（可选择多项）

☐ A. 组织多功能团队以解决特定的经营及管理问题

☐ B. 推进不断发展的以团队为基础的合作管理

☐ C. 测定最佳管理活动

☐ D. 创立计算机知识网络

☐ E. 使管理者了解组织内其他部门的经营成就／活动

☐ F. 重新设计业务程序或组织结构

☐ G. 获取、保存和传递关于成功和失败的知识

☐ H. 引导个人和组织的培训活动

☐ I. 改变个人和企业的学习行为

☐ J. 其他，请描述

23. 您如何评价该部门的作用？

☐ A. 非常重要

☐ B. 重要

☐ C. 一般

☐ D. 没有达到预期作用

第五部分　机构知识管理的运作

24. 您认为机构是否有必要开展涉及知识管理的培训？

☐ A. 有（选择此项，请回答第25题，否则请从第26题回答）

☐ B. 没有必要，请说明最主要原因

25. 您认为在知识管理培训中，应包括以下哪些内容？（可选择多项）

☐ A. 介绍知识管理的基本理念及理论

☐ B. 与知识管理相关的信息技术

☐ C. 推动知识管理实施的管理技能

☐ D. 关于有组织地学习和企业工作文化的理论

☐ E. 其他，请描述

26. 您认为机构对以下哪些方面的知识进行了有效管理？（可选择多项）

☐ A. 战略规划

☐ B. 研究及开发

☐ C. 生产及配送

☐ D. 推广及销售

☐ E. 人力资源管理

☐ F. 信息系统管理

☐ G. 财务计划及管理

☐ H. 客户服务及管理

☐ I. 其他，请描述

27. 在日常工作中，您最经常通过以下哪两种途径获得知识支援？

☐ A. 机构专家网络

☐ B. 机构合作伙伴

☐ C. Internet（互联网）

☐ D. 机构内部的电子文档系统

☐ E. 机构定制的外部知识资源

☐ F. 正式的知识管理系统

□ G. 传统图书馆

□ H. 其他，请描述

28. 您认为以下哪些方法能够推动机构员工参与知识形成、储存、交流及应用？（可选择多项）

□ A. 建设基于局域网或互联网的知识库和知识交流平台

□ B. 成立由专业工作者组成的正式或非正式的部门或团体

□ C. 定期通过内部的知识平台发布信息（包括举办有奖评选等），以邀请及督促内部的专业部门及人员使用知识管理平台

□ D. 把为知识库提供的个人才智纳入工作绩效考核内容，以此鼓励及督促专业部门和人员，将专业经验、案例资料、专家渠道等贡献到机构知识库中共享、交流

□ E. 根据用户反馈和实际需求，不断完善知识管理系统的内容和功能

□ F. 协助解决专业部门和人员在知识资源方面的特殊需求

□ G. 其他，请描述

29. 您认为以下哪类人员在机构创建学习型文化过程中应该承担最大的责任？

□ A. 总经理或首席执行官

□ B. 高级管理团队

□ C. 中层管理人员

□ D. 人力资源专家

□ E. 普通员工

□ F. 其他，请描述

30. 您认为以下哪一种因素在建立学习型文化过程中发挥最重要作用？

□ A. 高层管理领导示范

□ B. 学习成为企业文化的组成部分

□ C. 个人和团队的学习技能

□ D. 为鼓励有效学习行为的激励

□ E. 对信息技术非常熟悉而且感到适应

□ F. 知识管理是工作设计和员工职业发展中的重要组成部分

□ G. 其他，请描述

31. 您认为以下哪些项在建设学习型组织过程中发挥重要作用？（可选择多项）

☐ A. 建立清楚的学习操作指引，帮助员工把学习成就转化为具体业务成果

☐ B. 具有正式的知识管理系统，使知识能准确、及时地满足员工工作和学习的需要

☐ C. 企业文化鼓励良好的沟通、团队合作、创新和终生学习

☐ D. 学习型组织价值观得到正式的政策声明和组织支持

☐ E. 错误和存在的问题被认为是学习的资源

☐ F. 组织鼓励人们参加多种非正式学习机会

☐ G. 鼓励员工自由上网，获取机构内外的信息资源

☐ H. 组织鼓励机构内外的非工作时间学习

☐ I. 组织为个人进行有组织的职业生涯开发

☐ J. 鼓励人们用系统思想理解和管理他们的工作

32. 下面哪一种知识形成和信息分享障碍是您在工作中最经常遇到的？

☐ A. 组织内部政治因素

☐ B. 为保持在机构内的特权而独占信息

☐ C. 缺乏信息技术支持

☐ D. 同事之间缺乏交流的时间

☐ E. 对职能与跨职能观点的依赖

☐ F. 负面的企业文化因素

☐ G. 组织结构障碍

☐ H. 其他，请描述

（资料来源：DAOchina Knowledge Corporation）

3. 知识管理部部门和岗位职责范例

这个部门和岗位职责，只是范例，每家企业的情况不同，知识管理目标不同，要依据目标来设定部门和岗位，确定相应的职责。

附表4

部门职责类别（模块）	详细职责描述 （包含关键目标/任务、关键活动、交付成果）
知识资产管理	○ 根据公司战略和发展要求，在知识管理小组共同讨论和确认下，制订公司知识资产管理规范、流程，并监督执行，形成公司工作产品清单目录和工作产品管理情况报告等知识资产管理报告
内外部专家管理	○ 根据公司战略和发展要求、业务部门需求、竞争态势，在人力资源部门、业务部门的配合下，组织和管理公司所需的内外部专家资源，通过不断引入外部管理理论和实践及内部专家的快速定位，促进专家资源的有效运用
知识管理系统实施	○ 根据公司战略和发展要求，在业务部门的主导下，配合业务部门、信息部进行公司知识管理系统的项目实施、协调、推进，通过系统的建设，实现知识积累和有效运用
知识传播	○ 根据公司战略和发展要求，在业务部门的主导下，通过多种方式，进行业务知识传播，促进知识在总部与机构间的传递，营造公司适合知识管理的信任、共享、创新的文化氛围
部门管理	○ 绩效管理与激励：根据公司与部门的管理目标，制订部门员工考核方案和考核指标；逐级实施绩效考核与辅导；公正合理应用考核结果，对员工职业发展机会及任免提出相关建议 ○ 部门组织建设与发展：制订部门团队建设与员工发展方案，通过对部门组织机构与岗位调整、人员招聘与配置提出建议，通过加强与员工日常沟通及部门各项活动的组织开展，逐级落实对团队成员的培养责任，建立良好的工作氛围，促进员工的成长发展 ○ 部门预算费用管理：严格按照考核指标实施部门预算费用管理

4. 知识管理项目跟踪进度表

这个进度表，用于知识管理项目进程，可以根据实际情况灵活变动表格内容，表格还可以应用颜色管理，比如拖期日期用红色表示，以醒目的色彩作为提醒，引起项目关联方重视。

附表5

项目阶段	完成度	工作任务	工作说明	计划开始时间	计划结束时间	变更计划开始时间	实际/计划变动后结束时间	进展情况	拖期原因/备注	负责人	参与人员

5. 制度流程梳理模板

这个模板，用于在知识管理项目中梳理重要的制度、流程，帮助发现是否存在制度没有覆盖到的地方、流程上不完善的地方，以及流程节点上的知识点，企业可以根据实际情况调整表格。

附表6

序号	业务领域	业务单元	工作制度（管理制度/管理办法）	工作规范	是否现行有效	输出部门	新增制度
1		业务单元1	工作制度1		现行有效		
2			工作制度2				
3		业务单元2	……				
4			……				
5			……				
6			……				
7	……		……				
8			……				
9		……	……				
10			……				
11			……				
12			……				
13			……				

6. 流程和操作指南范例

这是一个SOP的范例，除了流程图以外，还有操作指南，可以让相关人员既看到整体流程，也明白自己处在流程的哪个节点，应该做什么和怎么做，避免了部门和岗位职责不清，缺少指导、规范的弊病。

附表7

业务编号	001		业务名称	**存货档案维护业务**	
流程适用范围	存货档案是企业一切业务的基础，缺乏完整的存货档案信息，其他业务开展都无法正常进行，ERP系统对存货档案的要求更高，需要各个部门通力合作，才能满足整个企业系统运行的正常开展				
	相关部门或岗位				
	销售部计划员	技术部设计员	技术部设计员	技术部设计员、计划部执行计划员	各相关部门
具体工作流程					
描述	1.技术部设计员将新产品或修改的原产品的BOM中产生的新物料确定其存货编码、物料名称、计量单位、所属分类、存货属性信息（采购件为外购、生产耗用，自制半成品为自制、生产耗用，产成品为自制、销售） 2.财务部成本会计员需要完成的信息：存货的参考成本、出入库超额管理、生产部门 3.采购部需要完成的信息：存货的采购批量、业务员、外购件的采购提前期 4.生产部负责完成半成品的加工提前期 5.计划部需要完成的信息：存货的安全库存，最高、最低库存，产成品的装配提前期 6.技术部设计员将新产品或修改的原产品的BOM中产生的新物料在存货档案中录入并维护 操作步骤： 通过桌面上的"企业门户"，录入自己的操作员编号选择好账套和日期后"确认"进入，点击左下角的"设置"后在弹出的菜单中找"基础档案"下的"存货"，必须设置好"存货分类"和"计量单位"后才可以设置"存货档案"				

7. 会议记录模板

有效的会议，需要进行有效的记录，模板的方式，利于规范整个企业的会议管理，便于检查会议进行情况、结果、会议后事项的结果跟踪。每次会议的记录累积起来，可以形成很好的知识沉淀，当然这也要求记录言之有物，不是缺少意义的流水账。

附表8

会议主题					
时间					
地点					
参加人					
会议目标					
组织人					
会议议程					

编制人：		审核人：
日期：		日期：

会议记录：

序号	讨论的详细内容	采取的措施/说明	责任人	完成日期	状态/跟踪

填写说明："状态/跟踪"一栏：

1.如果该讨论的问题不需要递延完成或跟踪的，只是会上来讨论确定的问题，则该问题的状态为"确定"，而且对应的"责任人"和"完成日期"可以不填；

2.如果该讨论的问题需要递延完成或跟踪的，则该问题的状态为以下三种："未启动/递延、进行中、完成"，而且对应的"责任人"和"完成日期"要填写清楚。

8. 月度总结和下月计划模板

总结和计划，是知识管理中非常重要的方法、良好的习惯。凡事预则立，而如果不总结，则难以做到"前事不忘，后事之师"。通过年度、季度、月度、周总结，可以及时发现问题、总结经验和教训，如果方向有偏，也可以及时调回。

总结，应该是一项认真的行为，切忌做成敷衍公事、流水账。要对员工说明总结和计划的作用，部门主管也要认真阅读员工的总结和计划，发现问题时及时与员工沟通，对于做得好的地方也要及时表扬，有益于部门内的分享文化以及员工的成长。

在日本资生堂看到其内部IT系统中，员工认真地写总结，而部门主管认真地看，给我们展示的员工，数十年来一直这样做。

知识积累，日积、月累。

月度总结和下月计划

目录
1   ××月工作总结
1.1   工作完成情况总结
1.1.1   ×××月份工作总结
1.1.2   存在问题与改进意见
1.1.3   经验分享
1.2   重点/关键/专项工作总结
2   ××月工作计划
2.1   ×××月工作总体计划
2.2   重点/关键/专项工作计划
2.3   上月问题改进情况

××月工作总结

一、工作完成情况总结
×××月份工作总结
请对于××月计划的各项工作业务，详细填写完成情况。
存在问题与改进意见
请结合具体业务的进展情况，总结下自己在工作方面存在的问题、出现的错误或者得到的经验教训，以及对于存在问题的改进意见和具体的改进计划。
经验分享
请结合具体业务的进展情况，分享自己的一些心得体会或者经验总结。也可以结合每周例会，将例会上的个人分享和体会进行总结。

重点/关键/专项工作总结

对于重点/关键/专项工作，请详细描述计划执行情况、工作进展状况或者存在问题等。

二、××月工作计划

×××月工作总体计划

工作计划请根据模板填写：

附表

序号	类别	工作任务	子项工作任务	工作目标	责任人	工作团队	完成时间	备注
			×××年×月工作计划表					
	业务1							
	业务2							
	部门管理							
	专项工作							

重点/关键/专项工作计划

对于重点/关键/专项工作，请说明详细的工作计划和思路。

上月问题改进情况

对于上月工作中出现的问题，请描述本月的改进情况。

9. 邮件沟通规范

企业里需要大大小小各类规范，使员工明确什么能做、什么不能做，邮件沟通规范只是一个范例，企业可以根据自己的情况，通过制度流程梳理模板，来梳理和建立自己的各项规范。

邮件沟通的总体要求

1. 邮件必须有明确的主题，内容简单明了，且主题与内容应当相匹配；

2. 邮件正文用G.R.E.A.T方法撰写：G—Goal（目的）、R—Reality（事实情况）、E—Emotion（情感语气）、A—Action（行动要求）、T—Time（时间表）；

3. 邮件的主送人必须明确为邮件的主处理人，避免主送人多而责任不明及不必要的抄送，在发送前发件人应当检查发送范围是否合适，收件人邮箱地址是否准确；

4. 需要对方及时回复的重要邮件发件人应该在邮件发出后用电话再次提醒，以防收件人出差在外，耽误处理；

5. 原则上集团所有人员应每天至少接收一次邮件。总部所有员工和分支机构部门经理以上人员应在24小时内或根据邮件要求的时限回复邮件，如需研究且可能超过时限时，需要在时限内告知答复的时间；

6. 公司鼓励同一办公区域内不需要保留书面记录的沟通或者知会性事务，采取当面或者电话的形式沟通；

7. 转发和回复的邮件应当附上原文，保持原始邮件与后续回复意见的连贯性；

8. 收件人对重要邮件必须作为重要的商务资料保存备查。

10.邮件发送检查清单

检查清单也是企业里非常有用的知识管理工具，可以根据工作需要，制订多种检查清单，应用在不同岗位。检查清单对于新手特别有用，可以让新手通过检查清单了解事务的全貌，避免因不熟悉而使工作受到不良影响。

附表

项目	注意事项	备注
收件人	主送：需要审批、执行或直接参与邮件工作内容的人员	
	抄送：邮件内容涉及、需要知晓或配合的部门或人员	

项目	注意事项	备注
	密送：从信息安全的角度出发，对总部、集团大范围围人员发送邮件时应密件抄送邮件地址	
标题	标题是否输入,是否正确（标题应用简洁文字概括该邮件的主旨）	
正文	邮件正文用G.R.E.A.T方法撰写：G—Goal（目的）、R—Reality（事实情况）、E—Emotion（情感语气）、A—Action（行动要求）、T—Time（时间表）	
附件	该发的附件是否已包括在邮件中	
	附件名称是否规范	不要用"新建文件.DOC"这种用法,应与文档内容保持一致性,收件人可通过附件名称获得必要信息
	收件人超过500人且邮件大小在1 MB字节以内的群发邮件，接近1 MB附件的邮件应压缩后发送；大于1 MB的邮件严禁直接发送，应将附件内容放至网上（如知识库），仅发送链接及内容简介	
	收件人超过500人的邮件，发送时间：周一至周五：每天中午12：15—12：45、下午6：00以后；周六、周日不做限制，但不建议周六、周日发送群发邮件，因周一会积累较多邮件，可能造成拥塞	
签名	签名档是否正确	
确认	发送邮件前再通读一遍确保没有以上的相关错误及错别字存在	

后记

据说很多读者其实都不看后记的，所以，我们决定，要把这个后记写得很好看、很诱人，让不看的"同学"很后悔……

所以，就从好吃的零食开始吧。

开始写这本书的时候，正是隆冬腊月、春节前夕，为了赶进度，那真是水里冰里（天冷啊），连饭都来不及做，饿了的时候，萧秋水"同学"就伸手抓一把糖果、饼干、果冻"什么"的充饥，那是@王甲佳 老师寄来的名味清坊年货大礼包，虽然写书是个艰苦的事，但因为有酸甜的红茶话梅、香酥的海苔、风味浓郁的合桃酥、松脆的夹心饼……真像小时候过年一样的感觉，有种小孩子般的幸福……所以，王老师对本书有卓越贡献，不可磨灭。

另外在本书中青史留名的，还有四位可爱的美女：

吴赛美（@赛美）

高艳丽（@青荃DD）

邹莉莉（@-AS腻- 你们都看不懂是吧？翻译出来你们就懂了：爱死你！）

明珠（@明珠O）

她们忙前忙后，忙左忙右，搜集素材、出谋划策、挑毛病、提建议……她们充分体现了什么叫美貌与智慧并重，英雄与侠义化身。

这本书，是群众的智慧，集体努力的结晶（包括可口的零食们），有很多人给予我们无私的支持，例如西门子研究院知识管理专家吴庆海先生和招商证券股份有限公司总裁办公室总经理助理林红女士，提供给我们西门子和招商证券的优秀案例；道中国的创办人暨知识总监何德勇先生，允许我们使用《机构内部初步问卷》；感谢深圳蓝凌公司的黄坤伟先生，他特别把蓝凌研究院出品的《创造智慧工作》和叶葆春著的《知识智慧2.0：组织知识管理实战》寄给我参考。感谢曾经与我同在知识管理战线工作的林伟华先生热心帮我搜集资料。

我也要感谢我的三位外甥女：张冰清、张冰倩、孔若彤，这三个小天使，是我力量的源泉。当我枯坐书斋埋头笔耕时，想到她们，我就会充满力量。虽然我不能守在她们身边贴身照顾，但是我希望，每一本书都是献给她们的礼物，让她们明白我是身体力行的勤勉，与对成长不懈的追求，这其中有我对她们的绵绵深爱。

如果全列出名字，估计一本书放不下，为了节约纸张、力行环保，所以我们就统一道谢、不一一具名了。只请相信，因为你们的援手和支持，我们深深感恩。

另外，在本书中，使用了少量未取得授权的图片，因为联络不上著作权人，所以未能取得同意，如果著作权人看到，请联系我们，我们会支付酬劳。

萧秋水、陈永隆、唐兆希
2012年5月

参考文献

［1］陈永隆，王奇威，黄小欣. 知识管理：价值创新与开放分享［M］.台北：华立图书股份有限公司，2010.

［2］夏敬华，金昕. 知识管理［M］.北京：机械工业出版社，2005.

［3］彼得·F·德鲁克. 知识管理［M］.北京：中国人民大学出版社，1999.

［4］彼得·圣吉. 第五项修炼：学习型组织的艺术与实力［M］.上海：上海三联书店，2001.

［5］彼得·圣吉. 第五项修炼. 实践篇：创造学习型组织的实践和方法［M］.北京：东方出版社，2002.

［6］安德鲁P·麦卡菲. 企业2.0［M］.北京：机械工业出版社，2011.

［7］Kai Mertins,Peter Heisig,Jens Vorbeck. 知识管理：原理及最佳实践［M］.北京：清华大学出版社，2004.

［8］托马斯·达文波特. 注意力管理［M］.北京：中信出版社，2002.

［9］克里斯·科里逊，杰弗·帕塞尔. 英国石油公司组织学习最佳实践［M］.北京：机械工业出版社，2003.

［10］野中郁次郎，胜见明.创新的本质［M］.北京：知识产权出版社，2006.

［11］野中郁次郎，竹内弘高.创造知识的企业［M］.北京：知识产权出版社，2006.

［12］埃蒂纳·温格，理查德·麦克德马，威廉姆M·施奈德.实践社团：学习型组织知识管理指南［M］.北京：机械工业出版社，2003.

［13］吴庆海，夏敬华.知识化生存：知识管理·方法论［M］.北京：世界图书出版公司，2005

［14］何德勇.知识管理实施要领：竞争力的塑造和持续提升［M］.北京：经济管理出版社，2007.